LES

CRIMES CÉLÈBRES.

Imprimerie de MOQUET et HAUQUELIN, rue de la Harpe, 90.

Accusés d'Albie.

le docteur Buchillot.

Cour d'b

C. Jacquart, parricide.

Avoca

Tragine.

Lacenaire.

Madame Lafarge.

LES
CRIMES CÉLÈBRES,

RECUEIL

DES ÉVÉNEMENTS LES PLUS TRAGIQUES,

ATTENTATS, MEURTRES, ASSASSINATS,
PARRICIDES, INFANTICIDES, VIOLS, INCESTES, EMPOISONNE-
MENTS, MASSACRES, FAUX, VOLS ET AUTRES FORFAITS
COMMIS EN FRANCE DEPUIS 1830 JUSQU'A CE JOUR.

SUIVI

De détails sur l'exécution des condamnés, et sur le régime des Bagnes.

TOME PREMIER.

PARIS.

B. RENAULT, ÉDITEUR.

1843.

LES

CRIMES CELÈBRES.

DEPUIS 1830 JUSQU'A CE JOUR.

LE PARRICIDE JACQUART.

Circonstances atroces. — Cadavre de la victime traîné par un cheval et jeté par l'assassin dans un précipice.

— ANNÉE 1831 —

La plus grave, la plus terrible des accusations, celle d'avoir *volontairement* donné la mort à *son père*, amena le 18 mai 1831 Nicolas-Casimir Jacquart, âgé de 22 ans, à la barre de la Cour d'assises de Rheims. Dès le matin, une foule considérable envahissait les avenues et la cour du Palais de Justice, pour assister au jugement de l'homme, si jeune encore, présenté comme l'auteur du plus révoltant des attentats, de cet attentat que les législateurs de l'antiquité n'avaient pas voulu prévoir, tant il leur paraissait impossible qu'il pût se rencontrer un fils assez dénaturé pour le commettre!

Le sieur Jacquart, propriétaire et maire de la commune de Saint-Souplet, canton de Beine, après avoir

eu sept enfants d'un premier mariage, en avait contracté un second qui n'avait nullement altéré sa tendresse pour sa famille ; car six de ses enfants avaient
continué à demeurer et à vivre chez lui, et la plus parfaite union régnait entre eux et leur belle-mère. Jacquart s'était appliqué à leur donner une éducation morale et religieuse ; il avait envoyé le troisième, nommé
Casimir, en pension pendant plusieurs années chez un
ecclésiastique du voisinage, et il maintenait dans sa
famille la pratique des exercices religieux par des lectures habituelles de livres de piété. Pendant le séjour de
Casimir en pension, s'étaient développés en lui un
jugement très-sain, une conception dont la rapidité se
manifestait par des réparties vives et brusques, mais en
même temps un caractère bizarre et dissimulé. Toujours
pensif et rêveur, ce jeune homme ne prenait aucune
part aux jeux de son âge, et sans avoir de querelles
avec ses camarades, il n'avait formé [aucune liaison. À
son retour dens la maison paternelle, son caractère, ses
habitudes furent les mêmes, et son père eut de plus à
déplorer en lui une paresse et une gourmandise qui le
rendaient absolument impropre aux travaux agricoles auxquels il était destiné. Il opposait la force d'inertie à toutes les remontrances et les corrections de son père, et il
y joignait quelquefois la désobéissance. Ainsi, trois ans
auparavant, non seulement il parut à une fête à laquelle
son père lui avait défendu d'aller, mais il persista à y
demeurer malgré ses ordres, et son langage, en refusant

d'obéir, était si menaçant, qu'un ami de Jacquart, présent à cette scène, crut devoir l'avertir de prendre garde à son fils, et prédit à ce dernier, en lui reprochant sa conduite, *qu'un jour il monterait à l'échafaud.* Dans une autre circonstance, Casimir dit à son père, à la suite d'une légère correction qu'il venait de recevoir : *Si j'avais seulement deux ans de plus.....* Mais, à l'exception de ces cas fort rares, on s'est accordé à dire que le fils, redoutant la force et l'agilité de son père, osait à peine lever les yeux quand il entendait ses reproches.

Les témoins qui vivaient dans l'intérieur de cette famille ont tous rendu hommage à l'attachement, à l'indulgence de Jacquart pour son fils ; il en a même été cité un exemple récent. Trouvant l'argent que son père lui donnait insuffisant pour satisfaire ses vices, il commença par soustraire de la maison paternelle du grain et des poules, qu'il vendait bon marché à l'un des hommes les plus pauvres de la commune, et au mois d'octobre dernier, il vola des poules à une voisine de son père. Dès que ce fait fut découvert et vint à la connaissance de Jacquart, il s'empressa, en payant le prix des objets volés, d'étouffer une affaire qui pouvait déshonorer son fils. Son premier mouvement fut celui d'une juste sévérité ; il voulait le chasser de la maison ; mais se laissant bientôt fléchir, il l'y reçut à bras ouverts.

Trois mois après cet évènement, Casimir tint un propos de nature à faire croire qu'il était déjà obsédé de pensées sinistres. Il éprouva un refus de la part de celui à qui il avait vendu les poules et le grain volés, et auquel il demandait une modique somme de deux sous pour aller au cabaret. Cet homme accompagna son refus de quelques observations, lui remontra que son père avait de trop justes motifs pour le punir, l'empêcher d'aller au cabaret, et loin de prendre ces remontrances en mauvaise part, Casimir l'en remercia en lui disant qu'il ne voudrait pas pour 1000 fr. ne pas les avoir entendues.

Jacquart possédait un labourage de trois chevaux; de ce labourage dépendait un champ situé au lieu dit la Côte-Malo, terroir de Dontrieu, à une demi-lieue environ du village de Saint-Souplet, et le long d'un bois connu sous le nom de la Bauve. Ce bois est séparé par quelques champs, d'un autre bois appartenant à la veuve Thomin, et pour se rendre de ce dernier bois à une carrière abandonnée depuis dix ans, il faut, en suivant le vallon, parcourir un espace de trois quarts de lieue environ.

Le samedi 15 janvier 1831, Jacquart transportait, avec sa charette, du fumier, de Saint-Souplet à son champ de la Côte-Malo, et son fils Casimir était chargé de le répandre sur la terre. Les deux instruments dont ils se servaient pour cette opération étaient un croc en fer, à deux dents, garni d'un manche de sept pieds de longueur, et une foine ou fourche en fer à trois dents, également garnie d'un manche de quatre pieds. Dans le courant de la journée, Casimir quitta deux fois son ouvrage pour aller voir deux bûcherons qui travaillaient dans le bois de la Bauve ; la première fois, d'une à deux heures, la seconde fois de trois heures et demie à quatre heures. Cette dernière fois l'un des bûcherons lui reprocha le vol de poules par lui commis ; mais l'autre imposa silence à son camarade, en faisant observer qu'il ne pouvait pas répondre de ce qu'il ferait dans sa vie. « Tu as raison, dit alors Casimir, tu as plus d'esprit que lui ; il n'en fera jamais autant que moi. »

Casimir finit par convenir qu'il s'en retournerait avec eux quand il aurait répandu la dernière voiture de fumier que son père allait amener. En ce moment, c'est-à-dire vers quatre heures et un quart, Jacquart fit entendre le claquement de son fouet ; son fils alla le rejoindre. Un quart-d'heure après, un garde qui l'avait laissé evec les bûcherons, et qui, faisant sa tournée dans la contrée, dominait d'une hauteur voisine, le champ de la Côte-Malo, y aperçut la charette de fumier déchargée aux deux tiers, mais ne vit près d'elle ni Jacquart ni son fils. Les bûcherons, en passant vers six heures près du champ, n'apercevant plus de charette, en conclurent que Casimir était parti ; ils apprirent effectivement à Saint-Souplet, que Casimir avait ramené la charette, mais que son père n'était pas revenu avec lui. Aux questions à lui adressées sur les motifs de son absence, Casimir répondit que son père ayant aperçu un lièvre s'était mis à sa poursuite ; mais le retour du chien de Jacquart avec Casimir semblait protester contre ses réponses. Vers huit heures du soir, l'inquiétude

s'empara de tout le village, dont les habitants se mirent
à la recherche de Jacquart ; il fallut entraîner pour ainsi
dire Casimir dans la direction où on supposait pouvoir
retrouver son père. Les indications par lui données
tendaient à éloigner les investigations de la partie du
bois de la Bauve avoisinant le champ de la Côte-Malo ;
il parvint même à se séparer, vers dix heures, des gens
avec lesquels il était en recherche ; et, de retour au
village, il soupa et se retira dans l'écurie, où il couchait
habituellement : mais à minuit, on le contraignit à se
mettre de nouveau en course ; et pendant ces nouvelles
recherches prolongées jusque vers trois heures du matin,
on fut frappé de son indifférence pour leur succès, et
de son insistance pour revenir à Saint-Souplet.

Le dimanche 16 janvier, avant le jour, on re-
commença à parcourir tous les environs. Casimir fut
conduit au champ de la Côte-Malo, où l'on retrouva le
croc et la fourche qu'il prétendit avoir laissés dans le
champ parce qu'il n'avait pas fini de répandre le fumier.
La nuit avait jusque-là empêché de découvrir les traces
de sang que le jour permit bientôt de remarquer sur le
croc, sur la terre, et dans le bois de la Bauve. Dès ce
moment, les asssistants n'hésitèrent pas à manifester les
soupçons que Casimir avait inspirés. L'un d'eux s'écria :
« Malheureux ! tu as tué ton père !... » — Pouvez-vous
dire des choses pareilles ? » répondit Casimir : mais en
prononçant ces mots, il venait de changer de couleur,
on avait relevé les deux sarreaux dont il était couvert et

aperçu des taches de sang. Des habitants de Saint-Souplet, en perquisition dans le vallon, avaient été conduits par une trainée de sang à la carrière [dont il a été parlé plus haut, et au fond de laquelle ils avaient vu le cadavre de Jacquart. En suivant cette traînée, ils étaient revenus au bois de la veuve Thomin, de là au bois de la Bauve, et ils venaient annoncer cette horrible découverte. On se saisit dès lors de Casimir, qui, en entendant de la bouche d'un témoin ces mots : « Misérable ! tu es couvert de sang ! C'est donc toi qui as tué ton père ? » répliqua : « Eh bien ! oui, il a voulu me donner un coup de foine dans la panse, et en me défendant je lui ai donné un coup de croc. »

L'accusé avoua que, vers dix heures, il s'était séparé de tout le monde pour traîner le cadavre du bois de la Bauve au bois Thomin, et que vers trois heures du matin, en l'attachant avec les cordeaux, il l'avait fait traîner par un cheval du bois Thomin à la carrière. Cette cavité, de laquelle le cadavre fut retiré, présente une profondeur de soixante pieds environ, et dans le fond qui répond à l'orifice, un amas de décombres se terminant en pointes. Les souliers, le pantalon et la casquette de Jacquart étaient épars çà et là dans la carrière.

Sur l'avis à lui donné, M. Gaillot, juge de paix du canton de Beine, se transporta le dimanche 16 janvier sur les lieux, pour en constater l'état et recevoir les aveux de Casimir. Celui-ci ajoutaut aux détails qu'il

avait déjà donnés, raconta que son père, après lui avoir
fait une querelle de ne pas avoir bien répandu le fumier, l'avait menacé d'un coup de foine dans la panse;
que, pour l'éviter, il s'était sauvé; mais que s'étant
rapproché, et voyant son père dans les mêmes dispositions, il s'était saisi du croc, et lui en avait porté sur
la tête, à côté de l'oreille droite, un coup qui l'avait
renversé. Il avoua lui avoir immédiatement après porté
un coup de pied sur le corps, l'avoir traîné jusqu'au
bois de la Bauve, et l'avoir vu, avant de quitter le
champ, chercher à se relever en s'appuyant sur ses
coudes et ses genoux. Les traces de sang confirmèrent ses
indications, quand il désigna l'endroit où était tombé
son père, celui où il l'avait déposé dans le bois de la
Bauve, et la direction dans laquelle la victime cherchait à se relever. Près de ces deux derniers endroits
furent trouvés une branche de bouleau récemment
coupée et deux éclats de cette branche, quoiqu'il pro-
testât ne s'en être point servi pour frapper son père. On
ramassa dans le bois de Thomin un morceau de bretelle,
le couteau de Jacquart et un cordeau, et non loin de
ce bois une mèche de cheveux. Plus tard on trouva dans
le bois de la Bauve une bouteille vide et deux autres
bouteilles dans le lit de Casimir. Ses vêtements et le
cordeau à l'aide duquel il avait traîné le cadavre, tous
objets tachés de sang, furent également saisis.

Plus tard, devant les magistrats-instructeurs, le
système de défense de Casimir a consisté à prétendre

que son père le haïssait ; que sa haine se manifestait par
des refus continuels d'argent, par des mauvais traitements qui l'avaient fait boiter une fois pendant trois mois,
et lui avaient une autre fois démis un os du bras. A l'en
croire, le 15 janvier, les nouvelles menaces de son père
lui avaient d'abord fait prendre la fuite ; il était revenu
sur ses pas, lui disant : *Frappez!* Puis, le voyant disposé à frapper, il avait une seconde fois pris la fuite, et
craignant d'être atteint, il avait saisi le croc et en avait
porté un coup à son père, qui se trouvait en partie dé-
tourné au moment de le recevoir. Il a ajouté qu'après
l'avoir ainsi terrassé, il s'était approché de lui, et lui
avait donné un coup de pied sur la face pour l'empêcher
de souffrir davantage ; et dans un autre interrogatoire,
il a dit que c'était pour voir s'il était encore en vie ; que
l'entendant proférer encore des menaces, il l'avait traîné par les pieds jusqu'au bois de la Bauve, mais qu'ayant
pris le parti de l'abandonner, il était allé décharger la
charrette de fumier ; qu'il l'avait bien vu de loin chercher à se relever ; qu'au lieu de lui porter secours, il
l'avait poussé dans un fossé, et avait marqué avec
son couteau une branche de bouleau ensanglantée pour
la couper plus tard. Il a ensuite expliqué qu'à son retour
au bois de la Bauve, vers dix heures du soir, il avait
coupé cette branche et frappé le cadavre avec le manche
de la foine pour s'assurer de l'absence totale de vie. Il a
rappelé ces détails épouvantables qu'en arrivant au bois
Thomin, à cheval, il avait sauté dans l'obscurité sur la

tète du cadavre ; qu'il avait vidé deux bouteilles de vin, l'une à Saint-Souplet, l'autre dans le bois Thomin, pour se donner le courage de le transporter de ce bois à la carrière, et qu'il avait ramassé dans ce trajet la casquette, les souliers et le pantalon de son père pour les jeter après lui dans la carrière.

Conduit sur le théâtre du forfait, il a varié dans les indications à lui demandées sur l'endroit où se trouvait son père au moment où il l'avait frappé. Il a été obligé de reconnaître que, suivant même sa dernière désignation, il aurait été à six pas de lui quand il lui avait porté un coup avec le croc dont le manche a sept pieds de long, et qu'il avait eu, dès le premier moment, la présence et le calme d'esprit nécessaires pour soustraire sa victime à tous les regards, à toutes les recherches. Loin de répéter, comme il l'avait déclaré à plusieurs témoins, que vers dix heures, en revenant au bois de la Bauve, il avait été effrayé de ne plus trouver son père à la même place, mais à une vingtaine de pas, dans le champ voisin où le terrain foulé et la traînée de sang expliquient qu'il était venu mourir, l'accusé a cherché à écarter l'attention de cette circonstance. Il n'a pu citer aucun témoignage à l'appui des deux faits de violences graves par lui articulés contre son père. Dans le cours de l'instruction, il n'a témoigné qu'une fois de l'émotion, et n'a pas paru en éprouver en présence même du cadavre ; le sentiment qui l'agitait en l'examinant était presque de la simple curiosité ; et il semblait attacher surtout de l'importance à l'explication que donneraient les médecins sur la rupture de neuf côtes à droite et de huit côtes à gauche.

Le gonflement des lèvres de la victime indiquait les traces d'une violente contusion. Les froissements nombreux de la peau à la partie antérieure de la poitrine, les désordres reconnus dans cette cavité, la rupture du sternum, du cœur, et de dix-sept côtes attestaient qu'une forte pression avait été opérée sur ces parties, et l'absence d'injection sanguine dans les tissus qui les recouvrent, prouvait que cette pression avait été exercée postérieurement à la mort. L'accusé fit observer que cette pression devait avoir été occasionnée par la chute du cadavre dans la carrière ; mais les médecins n'ont point partagé cet avis ; ils ont frémi d'être obligés de lui assigner une autre cause. Enfin l'état hideux de la partie postérieure du cadavre ne leur a pas permis de douter qu'il n'ait été traîné sur le dos.

Devant la cour d'assises, il est procédé à l'interrogatoire de l'accusé. Jacquart répond qu'il persiste dans ses derniers aveux ; il ajoute qu'il n'a jamais manqué de respect à son père ; il avoue qu'il a pris des poules et du grain, parce qu'on lui refusait toujours de l'argent ; il prétend que son père ne l'aimait pas, qu'il le haïssait, qu'il lui disait sans cesse qu'il avait l'air imbécille, qu'il le détestait jusqu'à la mort et le pendrait volontiers ; que plusieurs fois son père l'a maltraité cruellement. Il répète que, le 15 janvier, se voyant sur le point d'être frappé, il s'était défendu ; qu'il n'était plus à lui ; qu'il avait seulement mis le pied sur la tête de son père, pour s'assurer s'il respirait encore ; que son père, en ce moment, était dans le délire, mais qu'il prononçait des mots de vengeance contre lui, selon son habitude. Il persiste à soutenir que son père l'a provoqué en s'avançant sur lui, armé de la foine ; que lui, Jacquart, lui dit : *N'avancez pas, je vous le défends ;* que son père n'ayant tenu aucun compte de cet avertissement, il s'était vu obligé, pour éviter le coup qui le menaçait, de le frapper avec le croc qui lui servait à décharger le fumier.

L'accusé parle d'une voix si faible qu'on a peine à l'entendre. Sa personne excite de vifs mouvements de curiosité. On cherche à démêler dans son port, ses gestes, ses traits, ses paroles, ce qui se passe dans le for intérieur de ce jeune homme, dont le physique est loin de contraster avec le crime qui lui est imputé. Sa contenance est celle d'un grand coupable ; il lève rarement les yeux, a la tête constamment penchée, et surprend les auditeurs par l'emploi qu'il fait alternativement d'expressions tantôt correctes et tantôt triviales.

On appelle les témoins.

La femme Fleury : En voyant revenir Casimir et le chien de M. Jacquart, je conçus des craintes. Bientôt on sonna l'alarme. Tout le monde se mit en route. Je ne vis point Casimir ému des appréhensions que chacun de nous éprouvait.

L'accusé : Dites ce qui s'est passé le jour de la commémoration des morts, le lendemain de la Toussaint?

Le témoin : Je ne sais ce que tu veux dire.

L'accusé, avec vivacité : Attendez que j'entre dans les détails. Mon père ne m'a-t-il pas dit qu'il fallait qu'il m'enchaînât? ne m'a-t-il pas pris par les cheveux et terrassé?

Le témoin : Casimir, je ne me souviens pas de cela. Je sais seulement que ton père te disait souvent : *Grand lâche! grand paresseux! grand gourmand!* et il avait raison, car tu le mécontentais souvent.

L'accusé : C'est un complot que cette femme a tramé contre moi. Ce que je lui dis là n'est pourtant pas déjà si vieux. (Au témoin) : Voyons, ne m'avez-vous pas dit que vous étiez la cause de la scène qui était arrivée ?

Le témoin : Je t'assure, Casimir, que je ne me souviens pas de cela ; c'est *si tellement* hors de ma mémoire que je n'y comprends rien du tout.

L'accusé : Un jour mon père ne m'a-t-il pas donné des coups de pied aux jambes, et ne m'a-t-il pas fait saigner?

Le témoin : C'est faux ! ton père te faisait seulement des remontrances quand tu le méritais.

Le mari du précédent témoin fait une déposition dans le même genre, et l'accusé lui oppose des dénégations non moins violentes.

Le témoin : Tiens, Casimir, c'est plutôt fait, avant qu'on ne retrouvât ton pauvre père, je t'ai soupçonné tout de suite.

L'accusé : Ah! et pourquoi m'avez-vous soupçonné tout de suite ? qu'avais-je fait ?

Le témoin : Pourquoi ? tu avais la parole trop haute avec ton papa. Le malheureux a versé des larmes quand il a su que tu avais pris des poules et du grain pour les vendre. Ton père était un honnête homme ; il faisait beaucoup de bien. Si tu es fort, il l'était aussi, et même il était plus vif que toi.

L'accusé : Plus vif ! Pourquoi n'a-t-il pas pu m'atteindre quand il a couru après moi pour me frapper !

M. le procureur du Roi : Jacquart, pourquoi donc n'avez-vous pas continué de courir, lorsque, selon vous, votre père vous poursuivait ?

L'accusé : Comme il était près de m'atteindre, je me suis retourné.

Le sieur Gautelet, autre témoin, dit que l'accusé était un sournois. « Il se tenait toujours dans l'écurie, ajoute-t-il. Je lui dis plusieurs fois : *Que fais-tu là tout seul ; te voilà comme un monastère. Tu ferais mieux d'aller avec les autres pour te dissiper.*

Masson dit, qu'au corps-de-garde, Casimir mangeait, buvait, riait et dormait, et ne manifestait aucune émotion, aucun regret.

L'accusé, vivement : J'ai pleuré, au contraire. Je n'ai pas dormi une seule minute. Quand j'étais sur la paille, je pensais plutôt à mon affaire de douleur.

M. Néville, curé de Saint-Souplet : M. Jacquart était un honnête homme, mais un peu sévère. Je crois qu'avec un peu plus de douceur, le malheur qui est arrivé n'aurait pas eu lieu.

M. Gillet, desservant de Saint-Etienne, à Arne : Camisir a été en pension chez moi. Jacquart père était un homme respectable, qui jouissait d'une bonne réputation, qui avait un esprit naturel et des connaissances. Son fils, quand il était dans ma classe, était soumis; mais ne s'appliquant pas assez, il devint paresseux : pourtant il avait de bonnes dispositions. Ses camarades le plaisantaient quelquefois; il ne se fâchait pas. Il jouait peu et se livrait à des amusements au-dessous de son âge. Il y avait de l'originalité dans son caractère.

Le défenseur de Casimir s'étant attaché à établir que l'accusé, lorsqu'il a frappé son père, se trouvait dans le cas de légitime défense ; que par conséquent l'homicide par lui commis était exempt de criminalité... M. le président fit observer qu'aux termes de la loi, le parricide n'est jamais *excusable*! Mais l'avocat fait, à son tour, observer à M. le président, qu'il n'invoque pas *une excuse*; mais qu'il excipe d'un fait, qui d'après la loi exclut toute idée de crime ou de délit. «Repousser la force par la force, dit l'avocat, est un droit naturel consacré par les lois humaines, et ce principe est sans *limitation*; ainsi, qu'un fils voie son existence menacée par son dère, et qu'en se défendant il le frappe, il faudra sans doute gémir de cette terrible nécessité, mais la loi fermera les yeux, parce que de tous les sentiments qui pénètrent le cœur humain, il n'en est pas de plus irrésistible que celui de notre conservation : sans doute, ainsi que l'a dit un profond jurisconsulte (M. Carnot), il serait beau pour des enfants de mieux aimer recevoir la mort de la main de leur père, que de chercher à s'y soustraire en la leur donnant eux-mêmes ; mais ce dévoûment des grandes âmes ne peut être exigé du commun des hommes ; et ce n'est pas pour des êtres privilégiés que les lois sont faites. »

L'avocat s'efforce ensuite d'établir, qu'en tout cas, il n'y aurait pas eu de la part de l'accusé *volonté libre*; et pour justifier cette proposition, il développe une thèse déjà soulevée, dans plusieurs affaires mémorables, et appuyée de l'autorité de plusieurs médecins légistes, c'est-à-dire que dans certaines passions subites et violentes, la liberté et la volonté sont maîtrisées au point de laisser agir presque irrésistiblement la main homicide. Il termine en recommandant l'accusé à la pitié de ses juges.

MM. les jurés s'étant retirés dans la chambre des délibérations, au bout de quelques minutes ils rentrèrent dans l'auditoire, et sur la demande de M. le président, le chef du jury, prononça avec fermeté, et au milieu du plus profond silence, ces mots terribles : *Oui, Casimir Jacquart est coupable d'avoir volontairement commis un homicide sur la personne de son père légitime.*

En conséquence l'accusé est condamné à la peine des parricides.

Casimir écoute avec sang-froid cet arrêt et les détails

de son horrible exécution. On le reconduit en prison, et
la multitude suit ses pas. Pendant qu'on lui met les fers,
on l'entend dire : « Je suis content de mon défenseur :
« il a dit de bonnes choses, un avocat de Paris n'en
« aurait pas dit de meilleures ; mais je ne me faisais pas
« d'illusions, je savais bien que je ne réussirais pas. »

ELIÇABIDE, ANCIEN SÉMINARISTE,

Convaincu d'avoir assassiné à la Villette et à Bordeaux Marie Anizat et ses deux enfants. — Mémoires curieux de l'assassin.

COUR D'ASSISES DE BORDEAUX. — ANNÉE 1840.

Maria Tressarieux, née à Moncayolle, arrondissement de Mauléon, département des Basses-Pyrénées, se maria, à l'âge de vingt ans, avec Pierre Anizat. Après avoir voyagé plusieurs années en Espagne, afin d'essayer de se créer quelque fortune par une vie active et laborieuse, ils passèrent en Algérie et se fixèrent à Oran, où ils établirent une hôtellerie.

Le 4 août 1833, Anizat fut tué à Mostaganem, en combattant contre les Arabes, dans une sortie opérée pour repousser leurs attaques. Privée de son seul appui, Marie Anizat quitta l'Afrique pour retourner dans le département des Basses-Pyrénées, et vint résider à Pau. Son mari lui avait laissé deux enfants : Joseph Anizat, né le 16 avril 1829, et Mathilde Anizat, née le 18 juin 1831. Elle n'avait, pour subvenir à leur existence et les élever, que le produit du travail de ses mains ; mais elle travailla avec tant d'ardeur et d'habileté, et se signala par tant d'ordre et d'économie, qu'elle ne tarda pas à les mettre à l'abri du besoin.

La tendre sollicitude dont elle les environnait, la pureté de ses mœurs et sa douce piété, lui avaient depuis longtemps concilié l'estime et l'affection de toutes les personnes qui la connaissaient, et elle vivait heureuse et tranquille, lorsqu'elle eut le malheur de lier connaissance avec Pierre-Vincent Elicabide.

Né dans la même contrée que Marie Anizat, Elicabide avait successivement étudié dans les séminaires d'Oloron, de Bétharram et de Bayonne, pour entrer dans les ordres sacrés. Dominé par un orgueil excessif, passionné pour les idées systhématiques, se considérant comme un homme d'une supériorité marquée et appelé à des destinées plus brillantes que celles que lui promettait l'état ecclésiastique, il avait fini par renoncer à une carrière pour laquelle il n'avait jamais eu qu'une vocation chancelante.

Après avoir passé plusieurs années dans diverses maisons de Bordeaux en qualité de précepteur particulier, Elicabide avait cependant consenti, vers les derniers mois de 1827, à venir prendre la direction d'une école primaire, que l'un de ses anciens professeurs avait fondée à Lestelle, commune située à quelques lieues de Pau.

Marie Anizat plaça ses enfants dans cette école, et eut une entrevue avec Elicabide, plus tard celui-ci vint plusieurs fois la voir à Pau.

Peu satisfait de sa position, Elicabide se montrait inquiet et soucieux. D'une sévérité excessive envers les élèves qui lui étaient confiés, il semblait se complaire à les maltraiter, et posait en principe que, pour donner une bonne direction aux enfants, il fallait agir avec une excessive rigueur.

Les fonctions d'instituteur primaire lui assuraient une existence honorable, mais elles lui paraissaient trop modestes pour qu'il se résignât longtemps à les exercer. Vers le mois d'octobre dernier il les abandonna tout à coup, et se rendit à Paris pour tenter les chances de la fortune. Il partit avec la présomptueuse conviction qu'elles ne manqueraient pas de lui être favorables, et qu'il verrait bientôt se réaliser toutes ses illusions.

En arrivant à Paris, Eliçabide alla prendre logement dans un hôtel tenu par un sieur Guignes, rue du Petit-Pont, et où demeurait un sieur Beslay, jeune étudiant qu'il avait connu à Bétharram. Plus tard, et dans les premiers jours du mois de mars, il quitta cet hôtel, et alla résider dans la rue Richelieu, conjointement avec ce jeune homme. Il apporta dans cet appartement un lit et quelques meubles qui lui furent prêtés par le sieur Guignes, dont le fils recevait de lui quelques leçons élémentaires.

Eliçabide s'était associé le sieur Beslay pour enseigner la langue française et le latin ; mais il avait fait de vains efforts pour se procurer des élèves, ses ressources s'étaient promptement épuisées, et il était dans une gêne extrême. Il avait, il est vrai, composé un ouvrage ayant pour titre : *Histoire de la religion racon-*

tée à des enfants, et la publication de cet ouvrage pouvait lui assurer quelques bénéfices ; mais il ne trouvait pas d'éditeur. En vain avait-il cherché à intéresser quelques personnes à sa position , il n'en avait obtenu aucun secours, ou elles ne lui en avaient accordé que de trop légers pour l'aider à sortir de l'état malheureux où sa présomption l'avait plongé. Or, il n'avait rien à espérer de ses parents ; ils étaient à peu près dans l'indigence et attendaient tout de lui.

Depuis son départ de Pau, Eliçabide entretenait une correspondance active avec Marie Anizat, et lui faisait entrevoir qu'il avait l'intention de l'épouser. Loin de lui avouer qu'il n'avait trouvé à Paris que l'obscurité et la misère, il lui avait dit au contraire que tout souriait à ses vœux, et qu'il était sur le point de fonder, pour l'enseignement public, un établissement important. Il lui peignait sa situation sous les couleurs les plus séduites, et l'engageait à se rendre auprès de lui et à s'y faire précéder par son fils, en lui promettant de se charger de l'éducation de cet enfant.

Pour déterminer Marie Anizat à venir partager son sort, Eliçabide mettait en usage tout ce qui pouvait avoir le plus de puissance sur le cœur de cette femme; il lui parlait de son amour, de l'avenir de son fils et du bonheur de retourner un jour ensemble au pays natal pour y vivre dans l'aisance et le repos.

« Il faut que Marie me prouve qu'elle m'aime, lui écrivait-il le 16 janvier, il faut qu'elle vienne à Paris.

« Je désirerais d'abord que vous m'envoyassiez Joseph. En attendant que mon établissement soit fondé, je lui ferais fréquenter d'excellentes écoles ; je serais son surveillant et son répétiteur. Il couchera avec moi : je me charge de lui.

« Une fois Joseph ici, je vous trouverai mille superbes raisons pour vous établir à Paris ; et vous y serez reçue dans nos bras, vous serez ma moitié, mon conseil, mon aide, et j'espère que sur nos vieux jours nous pourrons causer sans inquiétude du temps passé, au coin d'un bon feu, dans une petite maison de campage entre Moncayolle et Gottein. »

Plus tard, et le 29 février, après lui avoir annoncé que le projet qu'il avait de fonder un pensionnat était à peu près réalisé, et qu'il s'établissait dans un des plus riches quartiers de la ville, il lui disait :

« Oh ! que j'aurais besoin de vous ici ! Mais vous voulez que je prenne patience. Eh bien ! donc, patience pour vous, méchante, et que Joseph arrive vite ; il pourra m'être utile autant que moi à lui. »

Des sollicitations si pressantes triomphèrent de la répugnance que Marie Anizat éprouvait à se séparer de son fils. Elle réunit tous les effets qui pouvaient lui être nécessaires ; après s'être fait remettre quelques fonds par les personnes qui lui procuraient habituellement du travail, et après avoir placé une somme de 100 franc dans une petite malle qu'il emportait, elle le confia à une demoiselle Lenoir qui allait passer un mois à Paris, et

l'envoya à Elicabide comme au protecteur le plus bien-
veillant, au guide le plus sûr et l'ami le plus généreux
que pût espérer son enfance.

Parti de Pau le 11 mars, Joseph Anizat arriva à Paris
le 14 du même mois, vers trois ou quatre heures de l'a-
près-midi. Le 10, Elicabide avait encore écrit à la mère
pour qu'elle n'hésitât plus à faire partir cet enfant et
pour presser son départ.

Informé par Marie Anizat, d'après la recommandation
qu'il lui en avait faite, du jour où il serait rendu à Paris, il était venu l'attendre à la cour des messageries ; à
sa vue, Elicabide témoigna une satisfaction extrême ; il
le prit entre ses bras et le combla de caresses. Quelques
heures plus tard l'enfant naïf et confiant, que ces tendres démonstrations transportaient de joie, allait périr
sous les coups de celui qui les lui prodiguait.

Au lieu d'amener le jeune Anizat à son logement, Elicabide lui fit parcourir plusieurs quartiers de Paris, en
lui laissant croire qu'il le conduisait chez lui ; puis il entra dans un restaurant, où ils dinèrent tous deux. Le
repas terminé, il sortit seul, en recommandant au jeune
Anizat de l'attendre pendant quelques instants, alla déposer à son domicile la malle de ce dernier, se munit
d'un marteau, et vint rejoindre l'enfant.

Avant de quitter avec lui le restaurant, Elicabide
avait écrit à Marie Anizat une lettre où il s'exprimait ainsi:

« Je viens de recevoir Joseph dans mes bras, après
avoir couru d'un bureau de diligence à l'autre, ne sachant pas où il devait descendre.

« Il est arrivé en fort bonne santé : vous pouvez compter sur moi pour faire trouver le séjour de Paris agréable à Joseph. Pourquoi ne venez-vous pas vite vous-même, méchante que vous êtes? Nous avons besoin de vous comme de nos yeux : voyons si vous saurez vous dépêcher. Soyez aussi pressée qu'indiscrète, vous qui regardez dans mes lettres sans ma permission. J'attends que vous soyez ici pour vous punir de ces méchancetés. Adieu, Marie, ma bien-aimée, à vous pour toujours. »

Eliçabide fit tracer au bas de cette lettre par le jeune Anizat une apostille de plusieurs lignes.

« Ma chère maman, écrivait le jeune Anizat, d'après ses propres inspirations, ou peut-être même sous la dictée d'Eliçabide, je suis arrivé à Paris à quatre heures du soir ; M. Eliçabide est venu me prendre; il m'embrassait, et je ne le reconnais pas, à cause de sa barbe qui est longue sous le menton. Paris est bien beau, ma chère maman, je crois que je m'y plairai beaucoup. J'ai déjà vu le Palais-Royal et plusieurs belles rues en allant chez M. Eliçabide.

« Adieu, ma chère maman, je t'embrasse tendrement ainsi que ma bonne sœur Mathilde.

« Ton fils, JOSEPH. »

C'était le dernier témoignage de tendresse que la mère et la sœur de ce malheureux enfant recevaient de lui; l'adieu qu'il leur adressait était un éternel adieu.

Eliçabide jeta la lettre à la poste, erra encore à l'aeanture avec le jeune Anizat, puis il se dirigea vers la porte Saint-Martin, où ils prirent un omnibus qui les transporta à la Villette.

Vers huit heures et demie ou neuf heures, ils arrivent hors des barrières, et se trouvent bientôt dans un lieu éloigné de tout bruit et de toute habitation. Le jeune Anizat est obligé de s'arrêter; Eliçabide se saisit aussitôt du marteau dont il s'était armé, le frappe à la tête et le renverse; sourd à tout sentiment de pitié, il le frappe encore avec fureur, tire un couteau, lui coupe la gorge, traîne son cadavre à quelques pas, le pousse avec le pied dans la fange d'un égoût, et regagne son domicile.

Dès la matinée du lendemain, le cadavre du jeune Anizat frappa les regards des passants; l'attentat que révélaient les blessures dont il était atteint inspira une profonde indignation et fit éprouver la plus douloureuse impression. D'actives investigations furent commencées pour connaître la victime et le meurtrier, et le cadavre fut embaumé pour rester exposé aux regards du public. La vérité ne devait apparaître que lorsque deux nouvelles victimes, la mère et la sœur du jeune Anizat, auraient à leur tour reçu la mort de la main d'Eliçabide dans un infâme guet-apens.

La demoiselle Lenoir pouvait, il est vrai, fournir à l'autorité des renseignements utiles; mais deux ou trois jours après le crime, Eliçabide s'était présenté chez elle sous prétexte de lui rembourser neuf francs et quelques centimes qu'elle avait dépensés pour le jeune Anizat, en us d'une somme de quarante francs qu'elle avait reçue de la mère de ce dernier pour les frais du voyage. Il lui avait donné l'assurance que l'enfant se portait bien, et qu'il serait venu la voir s'il n'eût été occupé de ses études. Cette demoiselle partit donc plus tard de Paris sans avoir conçu le moindre soupçon.

Eliçabide continua à écrire à Marie Anizat dans les termes les plus tendres, et la pressa plus vivement que jamais d'abandonner l'existence paisible qu'elle avait trouvée à Pau. Voici ce qu'on lisait dans la première lettre qu'il lui adressa après l'attentat de la Villette :

« Venez donc vite, délicieuse menteuse. Faites vos paquets, et ne parlez qu'à aussi peu de monde que possible, parce que mes nobles parents, s'ils venaient à avoir connaissance des lettres que vous seriez obligée de montrer, pourraient se formaliser de ce que je me suis tant occupé d'une étrangère pendant que je les laisse souffrir. Lorsque tout sera terminé, nous en parlerons bravement, et personne n'osera nous rien dire. Ainsi, vous toute à moi, et moi tout à vous, et que nous importe le reste du monde. Laissez-moi-là tous les prêtres de Pau, de Moncayolle et de Bétharram : nous leur donnerons des nouvelles de la capitale. »

Pour attirer à lui cette femme simple et confiante, Eliçabide avait la force de l'entretenir de son fils, en employant les plus odieuses impostures pour faire taire les craintes qu'elle pouvait concevoir sur son sort ; une douzaine de jours s'étaient à peine écoulés depuis que le jeune Anizat avait cessé d'exister, que la main qui avait répandu le sang de l'enfant, traçait pour la mère les lignes suivantes :

« Joseph est très-bien portant. Il est déjà tout fait aux belles choses de Paris, et paraît ne pas devoir s'y ennuyer du tout. Son écriture est belle ; nous pourrons en faire d'abord un joli commis. Je suis content de son application et de sa conduite, quoique la tête soit un peu légère. »

Elicabide finit par vaincre l'hésitation de Marie Anizat et la déterminer à partir, à l'aide de la mensongère assurance qu'il avait trouvé pour elle une place de confiance dans une maison du faubourg Saint-Germain.

Dès qu'elle lui eut appris qu'elle se disposait à faire ses préparatifs de départ, il se hâta de lui écrire qu'il irait au-devant d'elle jusqu'à Bordeaux, en lui recommandant de se trouver le 6 mai dans cette ville, où il comptait arriver le même jour, et en la prévenant que son intention était de descendre dans un hôtel tenu par un sieur Meunier, dans la rue Courbin.

Dans cette dernière lettre, qui porte la date du 16 avril, Elicabide lui parlait encore de son fils comme s'il eût été plein de vie et d'avenir.

« Joseph vous aurait écrit une ligne, lui disait-il ; mais bientôt il vous embrassera, ce qui vaudra beaucoup mieux. Je suis très-content de lui ; il s'applique, il deviendra un homme. Je crois qu'il grandit et engraisse. Il connaît aujourd'hui mieux que moi le quartier. »

Il terminait par ces mots, où une infernale ironie

semblait se mêler à tout ce que le langage de la tendresse a de plus affectueux et de plus doux :

« Adieu, ma toute chère Marie ; plus de larmes, plus de tristesse. Si vous avez maigri, je vous annonce que vous engraisserez rapidement; vous dormirez bien et longtemps, vous respirerez un bon air; vous aurez de la bière à bon marché en été pour rafraîchir votre sang ; mais je vous conseille de compter encore bien plus que sur tout cela sur les caresses de celui qui est à vous seule pour la vie. »

Se conformant aux instructions qu'elle avait reçues, Marie Anizat arriva à Bordeaux au jour indiqué, accompagné de Mathilde Anizat , sa fille , et se rendit à l'hôtel qui lui avait été désigné.

Eliçabide était parti le 3 de Paris, sans faire connaître la cause et le but de son voyage, et en manifestant l'intention de ne rester absent que fort peu de temps; forcé de voyager par de petites voitures faute de fonds suffisants pour prendre la diligence, il n'arriva que le 7 à Bordeaux.

Prévoyant ce retard, et redoutant que Marie Anizat ne continuât sa route vers Paris, il avait écrit de Poitiers au sieur Meunier, pour qu'il l'engageât à l'attendre et celui-ci s'était acquitté auprès d'elle de cette mission.

Une des sœurs d'Eliçabide servait en qualité de femme de chambre dans une maison de la commune d'Ivrac. Entièrement dépourvu d'argent, il la pria, par écrit, au moment d'entrer à Bordeaux, de venir lui porter quelques fonds, et lui donna rendez-vous à cet effet dans une auberge tenue par un sieur Lesquerro, dans la rue Margaux.

Le 8, après avoir reçu la visite de sa sœur, qui lui rémit une somme de cent francs, fruit de ses économies, il se hâta d'aller prendre logement à l'hôtel du sieur Meunier. La journée parut se passer, pour Marie Anizat et pour lui, en intimes entretiens.

Dans la matinée du 9, ils se rendirent ensemble chez une nommée Anne Mormayou, que Marie Anizat avait connue à Pau, et qu'elle avait voulu revoir, et ils se séparèrent ensuite pour le reste de la journée.

Sur les instances d'Eliçabide, Marie Anizat avait consenti à aller coucher à Ivrac chez la sœur de ce dernier, et à prendre le lendemain la diligence de Paris, à son passage près de cette commune.

En conséquence, vers huit heures ou huit heures et demie du soir, une voiture de place qu'Eliçabide avait retenue, vint les prendre à leur hôtel, et les porta au lieu appelé les Quatre-Pavillons.

Peu d'instants avant leur départ, une nommée Justine Casauran, ancienne amie de Marie Anizat qu'elle avait par hasard rencontrée sur la voie publique, était venue la visiter. Elle l'avait trouvée à table avec sa fille et Eliçabide, et avait assisté à leur dîner. Eliçabide avait montré la physionomie la plus ouverte et la plus riante, et avait égayé le repas par les récits les plus piquants. — L'expression de la plus vive satisfaction n'avait pas cessé de régner sur les traits de Marie Anizat. Elle avait fait connaître, avec l'orgueil d'une tendre mère, à Justine Casauran les termes de l'apostille que son fils avait mise au bas de la lettre qu'Elicabide lui avait adressée au moment où il venait d'arriver auprès de lui; elle avait témoigné à ce dernier beaucoup de regret de ce qu'il eût appris au jeune Joseph qu'elle se rendait à Paris, l'ayant ainsi privée du plaisir de lui causer une douce surprise, et avait tressailli de bonheur à l'idée de le revoir et de l'embrasser. Voué à la mort avec l'enfant qui lui restait, elle allait bientôt le rejoindre dans la tombe.

Avant la commune d'Ivrac et sur le territoire de la commune d'Artigeus, il existe à gauche de la grande route, et à un quart-d'heure de marche des *Quatre-Pavillons*, un chemin tortueux dominé de chaque côté par un tertre élevé; quand on l'a parcouru jusqu'à cent ou cent cinquante mètres, on rencontre un bois taillis qui le borde du côté gauche sur une assez grande étendue. Derrière ce bois, et à trente ou quarante mètres du chemin, est un ruisseau qui descend jusqu'à la grande route, la traverse et coule parallèlement.

Après être descendu de voiture aux *Quatre-Pavillons*, Elicabide fit suivre la grande route à Marie Anizat et à sa fille jusqu'au chemin dont il vient d'être parlé. Là, il leur annonça qu'il fallait prendre ce chemin pour se rendre au domicile de sa sœur, et, par un ciel obscur et chargé de nuages, elles s'y engagèrent toutes deux avec lui.

Eliçabide avait à la main un sac de nuit, seul bagage qu'il eût emporté de Paris. Arrivé à la hauteur du bois situés sur l'un des bords du chemin, il s'arrête un instant, ouvre son sac de nuit, y prend un marteau, rejoint Marie Anizat et sa fille, qui l'avaient devancé de quelques pas, frappe tour à tour à la tête et à coups redoublés la mère et la fille avec cette arme terrible, les étend l'une et l'autre à ses pieds; les achève en leur coupant la gorge avec un couteau, puis va s'asseoir non loin de leurs cadavres, et y reste longtemps plongé dans une affreuse méditation.

Les précautions à prendre afin de pourvoir à sa sûreté préoccupent Eliçabide; il se lève, et mutile le visage de Marie Anizat de manière à le rendre méconnaissable; il déchire et arrache les vêtements des deux victimes, il prend dans ses bras le corps sanglant de Marie Anizat, traverse le bois qui borde le chemin, et le jette dans le ruisseau qui passe à côté; il enveloppe celui de la jeune Mathilde dans le châle de sa mère, et l'enlève; chargé de cet épouvantable fardeau, il gagne la grande route, et va le précipiter dans le même ruisseau à près de neuf cent mètres de distance. Il transporte sur un point encore plus éloigné et cache sous un buisson les vêtements de l'enfant et de la mère, et, revenu sur le théâtre du crime, il fouille dans son sac de nuit, change de costume et attend le jour pour rentrer en ville.

Vers quatre heures et demie du matin Eliçabide s'était rendu près des *Quatre-Pavillons*, lorsque la diligence

de Bergerac vint à passer. Il monta dans cette voiture,
et alla descendre à Bordeaux dans une auberge tenue par
un sieur Chaban, rue de la Douane. Eliçabide y apporta, avec son sac de nuit, le cabas de Marie Anizat, celui de sa fille et quelques parties de leurs vêtements. En
arrivant dans cette auberge Eliçabide se fit servir à dé-
jeuner, et mangea avec calme et appétit. Il demanda du
feu; on le conduisit dans un salon, où il en fut allumé.
Au bout d'une heure quelqu'un entra dans cet appartement et l'y trouva endormi. Invité à se retirer dans une
chambre qu'on lui avait fait préparer, il s'y rendit et se
coucha.

Cependant quelques heures après le retour d'Eliçabide à Bordeaux, le cadavre mutilé de Marie Anizat fut
aperçu dans le ruisseau où il gisait, et vers la fin de la
journée on découvrit aussi celui de la jeune Mathilde.
La nouvelle du double forfait qui jetait l'effroi dans la
commune d'Artigues se répandit à Bordeaux; le sieur
Chaban apprit que pour se rendre chez lui Eliçabide était
monté en voiture près du lieu où le forfait avait reçu
son exécution; il s'empressa d'en informer un commis-
saire de police, et dans la journée du 11 l'accusé fut arrêté au moment où il se disposait à quitter la maison de
cet aubergiste et à retourner à Paris.

Bien qu'il existât des taches de sang sur les deux cabas dont il était nanti et à l'une des manches de sa chemise, Eliçabide ne fit d'abord aucun aveu; mais quelques débris des vêtements de Marie Anizat ou de sa

fille étaient restés sur le théâtre du crime, la note en
avait été portée à Bordeaux, et on assura qu'Eliçabide
avait dans les mains des objets d'une conformité parfaite. Toute dénégation devenant impossible, il traça
sur une feuille de papier quelques lignes où il déclara
que la femme et la jeune fille dont on avait trouvé les
restes avaient péri sous ses coups, et fit connaitre leur
nom et le lieu où elles résidaient avant de venir à Bordeaux.

Conduit devant le magistrat instructeur, Eliçabide
confessa qu'il était également l'auteur du meurtre du
jeune Anizat, et ne tarda pas à reconnaitre que les trois
attentats dont il était accusé avaient été commis avec
les horribles circonstances qui ont été indiquées.

Eliçabide avait d'abord affirmé qu'il n'avait frappé
le jeune Anizat qu'avec une pierre, « qui, disait-il,
semblait s'animer sous sa main, » et qu'il n'avait pas
employé d'autre instrument de mort pour tuer la mère
et la sœur de cet enfant; mais il a plus tard avoué qu'il
en avait imposé sur ce point, et qu'il avait fait usage
du même marteau pour abattre les trois victimes. Ce
marteau a été trouvé dans la fosse d'aisances de l'auberge du sieur Chaban, où il l'avait jeté avec le couteau à l'aide duquel il a coupé la gorge à Marie Anizat
et à la jeune Mathilde. Quant au couteau dont il s'est
servi à la Villette, il l'aurait jeté dans la Seine deux ou
trois jours après l'attentat en traversant le Pont-Royal.

Obligé d'expliquer le motif qui l'avait porté à se bai-

gner dans le sang d'une famille entière, Elicabide a
prétendu qu'à peine avait-il engagé Marie Anizat à lui
envoyer son fils, il avait compris tout ce qu'il y avait
d'imprudent et d'inconsidéré à appeler cet enfant auprès de lui, puisqu'il ne devait y trouver que de la misère, mais qu'il n'avait pu se résigner à revenir sur ce
qu'il avait écrit et à dévoiler combien sa position était
malheureuse ; qu'un trouble affreux s'était emparé de
ses esprits lorsqu'il avait vu arriver le jeune Anizat ;
que l'impossibilité où il se trouvait de pourvoir à sa subsistance l'avait déterminé à le frapper, et qu'après sa
mort celle de Marie Anizat et de sa fille lui avait paru
nécessaire pour cacher sa culpabilité.

Elicabidé a déclaré qu'il ne les avait appelées à
Bordeaux et ne s'était rendu au devant d'elles que
pour les tuer l'une et l'autre ; que c'était dans ce dessein
qu'il avait emporté dans son voyage le marteau dont il
avait déjà fait un usage si terrible, et qu'il avait eu
pour but, en choisissant les environs d'une ville éloignée
de leur domicile et du sien pour leur arracher la vie,
de se ménager les moyens d'assurer son impunité. Il a,
en outre révélé que, dans la journée du 9, il avait consacré le temps qu'il n'avait point passé auprès de Marie
Anizat à aller explorer les lieux où dans la soirée la
mère et la fille devaient toutes deux périr.

L'accusé avait essayé, dans le principe, de soutenir
qu'au moment où le jeune Anizat était arrivé à Paris il

n'avait pas encore conçu la pensée de lui donner la mort, et que cette pensée l'avait tout à coup assailli ; mais dans un de ses derniers interrogatoires il a été forcé de convenir qu'il avait acheté plusieurs jours auparavant le marteau à l'aide duquel il l'a terrassé, avec le projet de s'en servir pour se débarrasser de lui. Élicabide est allé plus loin : il a dit que dans l'intention où il était de s'unir en mariage à Marie Anizat et de se consacrer à élever ses enfants, dès l'instant où il avait perdu l'espoir de se créer une position avantageuse pour la leur faire partager, il avait résolu de les affranchir tous les trois, par le meurtre, d'un avenir où ils ne devaient trouver que malheur et déception.

En présence des résultats que l'information produit, il est hors de doute que l'accusé ne fait que céder à l'évidence des preuves et à l'ascendant de la vérité, quand il déclare que les trois attentats ont été précédés d'une longue préméditation ; mais ce n'est évidemment que par une atroce dérision ou par une révoltante hypocrisie qu'il ose avancer qu'il n'a donné la mort à ses victimes que par affection pour elles et dans leur seul intérêt, comme si personne avait le droit de disposer de l'existence d'autrui. On croirait mieux à sa parole s'il disait que, profondément blessé du ne pouvoir les couvrir d'une protection dont elles n'avaient pas besoin, irrité d'avoir vu s'évanouir toutes ses illusions et humilié de son impuissance, il est devenu bassement cruel, et les a rendues responsables des mécomptes de son ambition.

Il est toutefois plusieurs circonstances qui tendraient à établir qu'en attirant vers lui Marie Anizat et ses enfants, en les assassinant, il voulait s'approprier leur dépouilles, et se procurer ainsi quelques ressources.

Longtemps avant l'arrivée du jeune Anizat à Paris, l'état de gêne dans lequel Eliçabide était tombé était devenu tel qu'il avait tendu la main pour obtenir quelques secours. A son départ pour Bordeaux, sa détresse était à son comble : il fut obligé, pour se mettre en route, d'emprunter une somme de quarante francs au sieur Beslay.

Or Eliçabide a toujours recommandé le secret à Marie Anizat sur ses sollicitations pour la déterminer à se rendre auprès de lui. Dans ses dernières lettres, et alors que dépourvu de tout il venait de s'établir dans l'appartement qu'il avait loué dans la rue Richelieu, il l'engageait à lui envoyer du linge de ménage, et lui prescrivait de lui fournir les renseignements nécessaires pour réclamer les objets qu'elle expédierait avant son départ de Pau.

En agissant ainsi, l'accusé semblerait avoir trahi le projet de s'emparer de tout ce que pouvait posséder la famille, et si ce projet a existé, il est certain qu'il l'aurait entièrement réalisé.

Eliçabide en effet, a disposé dans son intérêt personnel de cent francs que contenait la malle du jeune Anizat ; il s'est fait remettre par la mère de cet enfant, dans la première entrevue qu'il a eue avec elle, en arrivant à Bordeaux, une somme de cent quarante francs dont elle s'était munie ; au moment de son arrestation on l'a non-seulement trouvé nanti de cette somme, ainsi que d'unepartie des vêtements de Marie Anizat, de ceux de sa fille et de leurs cabas, mais encore de leur bagues, de leurs boucles d'oreilles et de plusieurs objets en or ou en argent qu'elles portaient sur elles lorsqu'il les a frappées. Enfin il a été vérifié qu'avant de quitter l'hôtel du sieur Meunier il avait donné des ordres d'après lesquels une malle et une boite qu'elles y laissaient, et où leurs vêtements étaient renfermés, devaient être expédiées sous son nom à Paris, et que quelques jours plus tard trois ballots que Marie Anizat avait mis au roulage, et qui contenaient leurs autres effets, devaient arriver à son adresse dans la même ville. Ainsi, après la mort de cette femme et de ses enfants, il s'est trouvé en possession de tout leur avoir.

Quels que soient, au surplus, et le sentiment qui a dirigé son bras et le but qu'il s'est proposé, rien ne saurait diminuer l'horreur qu'il inspire et la pitié qu'excite le sort de ses victimes. En vain Eliçabide se présente-t-il comme l'instrument d'une inexorable fatalité, et affecte-t-il d'avoir cédé à de funestes vertiges, il [y a dans les trois assassinats qu'il a commis une série de faits qui s'enchaînent entre eux d'une manière trop logique et décèlent trop de réflexion, de combinaison et de prévoyance pour qu'il puisse échapper à la vindicte publique. Si les forfaits dont il s'est souillé demeuraient impunis, ou s'il arrivait que le châtiment ne répondît pas à l'odieuse perfidie avec laquelle il les a préparés et à la froide férocité qui a présidé à leur exécution, la justice n'aurait plus qu'à briser son glaive, et il n'existerait plus de protection sur la terre contre la perversité des méchants.

En conséquence, Pierre-Vincent Eliçabide est accusé, 1° d'avoir, dans la soirée du 14 mars dernier, commis un homicide volontaire sur la personne de Joseph Anizat; 2° d'avoir, dans la soirée du 9 mai suivant, commis le même crime sur la personne de Marie Anizat et sur celle de Mathilde Anizat, avec cette circonstance que ces trois homicides ont eu lieu avec préméditation.

Après cette lecture, qui a duré près d'une heure, M. le président fait lever Éliçabide, et lui dit : Vous venez d'entendre les charges qui pèsent sur vous. Vous êtes accusé d'avoir, dans la nuit du 15 mars dernier, donné la mort à Joseph Anizat, et dans celle du 9 mai, d'avoir également donné la mort à Marie Anizat et sa fille : ces trois crimes commis avec préméditation. Vous allez entendre les charges que M. l'avocat-général va développer contre vous.

Eliçabide, sans rien répondre, se rassied, avec l'apparence de la plus complète tranquillité.

M. l'avocat-général, après un brillant exorde, décrit toutes les circonstances du triple assassinat; il en fait ressortir les combinaisons et l'horreur.

Pendant cet exposé, et lorsque M. l'avocat-général retrace avec de douloureux accents le meurtre de ce pauvre enfant de La Villette, la figure d'Elicabide se colore, ses doigts se contractent, et ses yeux prennent un air de férocité remarquable.

Lors des détails relatifs au double meurtre de Marie Anizat et de sa malheureuse famille, il s'essuie le front avec rapidité, s'agite sur son banc, et change souvent de couleur ; un sourire, qu'on prendrait pour une contraction nerveuse, se fait remarquer sur sa figure.

Dans l'interrogatoire que M. le président fait ensuite subir à l'accusé, on a remarqué les phrases suivantes :

M. le président : Vous avez entendu les charges qui vous sont imputées ?

L'accusé : Oui, M. le président.

D. Où avez-vous fait vos premières études ?

R. Au séminaire de Bétharram.

A quelle époque avez-vous renoncé à l'état ecclésiastique ?

R. Très peu de temps avant mon départ de Pau.

D. N'êtes-vous pas allé au séminaire du Passage, et pour quel motif ?

R. Je n'étais pas certain de la vocation qui m'était destinée ; j'avais des transports dans la tête, ces transports échauffaient mon imagination, et les directeurs de cette maison devaient m'aider de leurs avis et de leur expérience.

D. De là où êtes-vous allé ?

R. Chez M. Duroi ; où j'avais l'éducation de deux enfants à faire ; j'ai ensuite été chez M. de Toulouse, à

Puy-Barban, où deux enfants m'ont également été confiés. J'avais une besogne difficile. L'un des enfants faisait fort peu de progrès ; j'étais convenu que je ne m'en chargerais qu'autant que je le mènerais très-durement (se reprenant), j'entends de manière à obliger son imagination paresseuse à se réveiller : il en résulta une querelle avec M. de Toulouse, et je le quittai.

D. A Bétharram Joseph Anizat ne fut-il pas l'occasion de la connaissance que vous fîtes de sa mère ?

R. Oui, Marié se présenta chez le supérieur avec son enfant ; je la vis, elle me pria de lui servir de protecteur, et je présentai l'enfant à l'économe. Marie m'en remercia, et, pour reconnaître ce service, elle m'engagea, lorsque j'irais à Pau, à vouloir bien aller la voir et à lui porter des nouvelles de son fils.

D. Vous portiez un tendre intérêt à Marie Anizat ?

R. Je crus reconnaître en elle des qualités que j'appréciais ; nous nous laissâmes aller à une inclination mutuelle ; après quelque temps elle ne put cacher l'amour qu'elle me portait. J'ai compris ce langage du cœur ; mais je voulais être aimé à ma guise. Il y avait entre elle et moi un engagement mutuel qui devait être caché à tout le monde. Elle savait aussi que je devais partir pour Paris pour me créer promptement des moyens d'existence.

D. Pourquoi avez-vous fait venir l'enfant à Paris avant sa mère ; aviez-vous déjà le projet de le faire périr ?

R. Pour obliger Marie ; il avait tous les petits défauts de son âge, ce qui a fait que je tenais à en débarrasser sa mère : le projet de sa mort m'est venu par hasard : j'ai des jours de maladie noire ; mes bonnes idées alors ne tardent pas à se décomposer : dans la moindre réussite je vois toujours bonheur et avenir; mais le moindre revers me pousse à l'extrême ; la mort de Joseph n'a été arrêtée qu'au moment de son arrivée; n'étant pas malade, je suis comme un autre homme; mais lorsque je le suis, non seulement j'assassinerais, mais je ferais sauter le globe comme un marron cuit.

Un jour, par exemple, je parlais des inconvénients du mariage ; quelqu'un me dit, entre autres choses : Les inconvénients du mariage, bah ! quand on est embarrassé d'une femme on s'en débarrasse en la tuant, en lui coupant la gorge, et tout est fini. Cette idée germa dans mon esprit; c'est comme une étincelle qui embrasa mon état maladif, plus tard je me repentais.

D. Ainsi vous prétendez être victime de la fatalité ?

R. La fatalité ! je n'y crois pas ; mais je me connais, et je me suis dit cent fois : Mon pauvre garçon, depuis ton enfance tu en es là. J'aurais pu commettre ce meurtre à quinze ans.

D. Vous convenez avoir attiré Marie à Paris pour la tuer ?

R. Oui, mais je la trompais par des espérances qui ne pouvaient se réaliser ; je voulais la rendre parfaitement heureuse avant de lui ôter la vie.

D. Vous avez déclaré que ce qui vous avait décidé, c'était votre position ; de quoi viviez-vous à Paris ?

R. De peu. Lorsque je charlatanisais, toutes les bourses s'ouvraient ; mais lorsque je venais au positif, plus rien ; la détermination d'en finir avec l'enfant m'est venue dix minutes avant son arrivée. Comme philantrope, et je le suis, j'avais eu occasion de faire une remarque : jeune encore, j'ai fait une chute très-forte ; je suis tombé sur la tête, qui s'est ouverte ; je suis resté longtemps sans rien sentir, sans éprouver de douleur. Alors j'ai cru que Joseph serait heureux de mourir de même.

D. Ainsi, pour vous, c'est un service que vous avez cru rendre : mais l'accusation se refuse à croire à une hallucination qui vous pousse au meurtre ; elle prétend qu'il y a eu derrière ces crimes une idée de vol.

Elicabide se rassied en disant : C'est votre système.

M. l'avocat-général reprend la parole. Dans un réquisitoire chaleureux, il repousse ce système qui semble avoir pour but de mettre chaque grand coupable sous la protection d'une fatalité maladive. Il prend Elicabide dès ses jeunes années jusqu'au jour du forfait, et prouve qu'un orgueil blessé, autant qu'un instinct sanguinaire, l'ont poussé à commettre l'un des plus horribles forfaits des temps modernes. Il demande, dans l'intérêt de la société, qu'on ne désarme pas la justice, et qu'un grand exemple soit donné. Son discours, écrit, est écouté avec le plus grand intérêt.

M. le docteur Canihac est introduit.

M. le président : M. le docteur, le jury désirerait savoir si, dans votre opinion, les actes préliminaires calculés avant un assassinat et les moyens employés par les assassins pour se soustraire à la justice sont compatibles avec la monomanie ?

M. Canihac : Je ne pourrai pas répondre d'une manière bien rigoureuse ; les actes sont souvent tellement cachés qu'il est difficile de les connaître tous ; généralement tout acte de monomanie doit être prompt, subit, spontané ; le monomane est supposé ne pas avoir la faculté de se souvenir de ce qu'il a fait. Si on raisonne avant, on n'est pas monomane.

Revenant sur la question, M. le défenseur ajoute : Confiant dans vos souvenirs et votre expérience, je vous prie de nous dire s'il n'y a pas des exemples fréquents qu'un monomane à idée fixe ait préparé de longue main un crime et essayé de se soustraire au châtiment ?

M. Canihac : Je ne le crois pas ; rien ne se rapprocherait plus d'un raisonnement rationnel. Si vous admettez une pareille monomanie, il serait alors presque impossible de distinguer le monomane du vrai coupable. Les médecins ne sont pas d'ailleurs d'accord sur ces questions difficiles ; je n'ai pas fait de longues études phrénologiques, mais j'apporte ici le fruit de ma longue expérience et de mes méditations ; je crois difficilement à la bosse des temps modernes ; je ne crois pas aux prédestinations criminelles, irrésistibles, parce qu'on a le front plus ou moins étroit ou plus ou moins large. En me résumant, le monomane véritable ne raisonne ni avant ni après l'assasinat ; s'il raisonnait, il ne serait pas monomane.

Après cette explication, présentée de la manière la plus nette et la plus précise, M. Gergerès, nommé d'office défenseur d'Éliçabide, agréé par lui, commence en ces termes son plaidoyer, dont nous retraçons les principales parties.

Je viens à vous, messieurs les jurés, à vous, dépositaires fidèles des intérêts de la société, à vous que je vois armés de son glaive, et qui êtes encore sous les impressions des horribles détails qui ont été déroulés sous vos yeux.

Mais si la société, effrayée par une épouvantable catastrophe, vous crie de la venger, la loi à son tour, qui n'est que l'expression de sa volonté, vous avertit d'être justes.

Elle vous demande surtout de la réflexion et du calme ; c'est à votre honneur qu'elle confie ses garanties ; elle vous demande du courage, c'est-à-dire cette impassibilité sage qui ne se décide que d'après ses propres convictions, sans se laisser imposer par les passions de la multitude.

Elle veut que vous descendiez au fond de votre conscience, que vous l'interrogiez, que vous fassiez la part d'une vengeance légale, si elle est nécessaire, sans oublier que par pitié vous devez quelque chose à cette nature humaine, si belle dans ses créations, si bizarre dans ses œuvres, si inconcevable dans ses écarts.

Au mois de mai dernier, un événement, tel que nos

annales criminelles les plus sombres n'en offrent pas de
semblables, vint effrayer notre cité.

Le cadavre d'une femme qui lui était étrangère fut
trouvé horriblement mutilé dans la commune d'Artigues.

A quelques pas d'elle se trouvait un autre cadavre :
c'était sa fille.

Eliçabide fut soupçonné et arrêté. Aux premières
questions qui lui furent adressées, non seulement il avoua
que c'était lui qui avait donné la mort à Marie Anizat et
à la jeune Mathilde, mais il fit connaître encore au magistrat ce que tous les soins de la police de Paris n'a-
vaient pu découvrir, que c'était lui qui avait frappé Joseph, enfant de dix ans, dont le corps était exposé à la
Morgue.

Un cri d'indignation bien naturel s'éleva contre l'auteur de cet horrible attentat.

Chacun cherchait à connaître quel pouvait être l'infer
nal motif qui avait fait commettre le crime. On se per-
dait en conjectures.

Lorsque la défense d'Eliçabide me fut imposée, je
cherchai, moi aussi, à découvrir le mobile qui avait armé
sa main contre trois êtres inoffensifs.

Je me décidai alors à exiger d'Eliçabide l'histoire de
sa vie; je voulus savoir de lui-même ce qu'il avait pu
être au moment des faits qu'il avouait, ce qu'il était encore sous les verrous. Je le livrai à ses réflexions et à ses
souvenirs.

Deux jours après j'eus le mémoire désiré.

Rien n'y est caché, rien n'y est affaibli, rien n'y est dissimulé. Permettez-moi donc, messieurs, de mettre son mémoire sous vos yeux.

MÉMOIRE D'ÉLIÇABIDE,

ÉCRIT PAR LUI-MÊME DANS LA PRISON DE BORDEAUX.

Je suis né à Mauléon (Basses-Pyrénées), en 1810, de Pierre Eliçabide et de Jeanne Borée.

Mon père a fait longtemps le commerce avec plus de probité que de bonheur. A mon instigation, ma famille s'était dépouillée, il y a quelques années, de tout ce que nous possédions, tant du côté paternel que du côté maternel, et depuis je m'étais imposé plus particulièrement le devoir (que du reste je remplissais depuis longtemps) d'être le soutien de mon père et de ma mère.

Dès ma plus tendre enfance des penchants vertueux, une raison précoce, un caractère sérieux, une grande aptitude pour les sciences, me firent destiner à l'état ecclésiastique, vocation la plus belle que l'on sache assigner dans nos contrées à un enfant bien né.

Eliçabide continue l'histoire de ses premières années jusqu'à son admission au séminaire de Bayonne comme élève en théologie, et dépeint les sentiments qui le dominaient. Emporté par l'exemple de piété fervente que j'avais sous les yeux, je donnai dans les théories et les pratiques d'une dévotion étroite, qui ne tarda pas à amener les embarras d'esprit; je ne voyais partout que fautes et péchés.

Je ne voyais nul jour à opérer mon salut ; il me sembla qu'une réprobation éternelle m'attendait au bout de la carrière. Alors je devenais sombre. Les idées les plus extravagantes me traversaient la tête : mais une seule s'établissait dominante et fixe ; j'y revenais sans cesse malgré moi. Je restais souvent courbé sous son empire, suspendu et hébété.

Un des directeurs du séminaire, confident des tortures morales que j'endurais, dut concevoir de sérieuses inquiétudes pour ma raison. Il sollicita et obtint principalement la permission de m'envoyer dans la maison des Jésuites, au Passage, en Espagne.

Placé ensuite comme précepteur chez M. Duroy, à Humbarès, j'y passai deux ans, me ressentant toujours de mon mal.

En 1839, je dirigeais un établissement d'enseignement primaire à Bétharram, lorsque je fis connaissance de *Marie Anizat*.

Après que j'eus entendu la pauvre mère me raconter en pleurant tout ce que l'avenir de son enfant lui inspirait d'inquiétude, je n'eus pas de repos que je n'eusse amené l'économe de la maison à recevoir l'enfant, et cet acte de bienfaisance a amené des suites qu'il n'était donné à personne de prévoir.

Marie et moi nous ne tardâmes pas à nous communiquer nos pensées les plus intimes ; nous jurâmes de nous appartenir l'un à l'autre. Je jurai de plus que je serais le père de ses enfants.

Il fut convenu que je la précéderais de quelques mo

à Paris, où elle-même me rejoindrait ; que jusque-là nos engagements mutuels seraient un secret pour tout le monde.

En partant pour Paris je sacrifiais une position assez avantageuse aux besoins de mon esprit malade. Malheureusement, je n'y vis bientôt que des hommes condamnés à s'agiter : riches, pour courir après les jouissances ; pauvres, pour souffrir et mourir en cherchant le bonheur.

Une mort qui frappât, subite et imprévue, sans douleurs, au milieu des rêves de jouissances, me semblait le terme le plus heureux possible d'une telle vie d'étourdissement et de déception.

Je ne tardai pas à m'apercevoir que j'étais le dernier des hommes pour parvenir à quelque chose dans Paris.

Mes faibles ressources s'étaient épuisées rapidement. L'avenir ne se présentait plus à moi que sous les couleurs les plus sombres. Ma tête s'affaiblissait, mon esprit ne formait aucun projet. Mais j'éprouvais je ne sais quel plaisir à visiter la Morgue, pendant que la vue des cadavres soulevait mon estomac.

Au milieu de ces agitations et de la mélancolie qui les accompagnait, l'image de tout ce que j'avais de plus cher au monde, ma famille, Marie et ses enfants, condamnés à la douleur, aux privations, à la misère, fatiguaient mon imagination blessée. J'étais dans cette cruelle disposition d'esprit lorsque qu'un jour, au milieu d'une conversation fort innocente et qui avait pour objet les déceptions de la vie, l'une des personnes de la société s'écria : « Bah ! avec un peu de raison on devrait « se réjouir de voir la fin de ceux qu'on aime, si ces objets « de nos affections doivent être voués au malheur. »

Je ne saurais dire l'effet produit sur moi par ces paroles, ce fut la lueur d'une torche infernale. Voir mourir ce que j'aimais fut une idée qui s'établit dès ce moment dans ma tête, avec toute puissance, et qui me poursuivait partout et toujours. Mes pensées étaient des pensées d'extermination.

Toutefois, j'essayai encore de faire un effort et de conjurer le malheur qui me pressait.

Je portai le cri de ma détresse depuis le palais jusqu'à la demeure de l'actrice. Ce fut en vain. Puisque toutes mes démarches sont impuissantes, essayons, me dis-je à moi-même, du charlatanisme : mon visage est serein, ma contenance assurée. Je conçus un projet qui devait infailliblement amener d'heureux résultats. Mais mon talent n'était pas d'intriguer et de spéculer : ma dernière illusion fut détruite. Je n'avais pas faim toutefois. La bourse de toutes mes connaissances s'était ouverte pour moi.

J'étais tristement occupé à donner une leçon à un jeune et intéressant enfant, lorsque le concierge me remit une lettre m'annonçant l'arrivée de Joseph par la diligence ; du jour même cette nouvelle me bouleversa, comme si je n'avais pas dû m'y attendre : ma tête s'exalta. Joseph arrive ! Pauvre enfant, quel sera ton avenir ? J'ai promis d'être ton père, ton instituteur, ton guide, dans le sentier de la vie.... La vie.... mais à ton âge on me la prédisait belle et heureuse. J'étais sage ; de tendres

et de nombreux parents dans l'aisance veillaient sur
moi. Plus tard une bonne éducation me mettait en droit
de demander à la société qu'elle ne brisât pas aveuglé-
ment ma chétive existence... Il est vrai que ma tête est
malade. Mais cette tête malade n'est-ce pas tout ton appui? Pauvre enfant! Eh bien! tu mourras avant de
t'être sali au contact d'une société qui te flétrirait peut-
être, après t'avoir forcé à te déshonorer. Tu seras la première des victimes que ma main doit immoler. Moi...
tuer!... oui; mais où en trouver la force?

Un horrible tremblement s'empare de tous mes membres; je ne peux plus réunir mes idées, ma tête tombe
sur ma poitrine, je me jette sur mon lit tout hébété.
Après quelques minutes j'étais profondément endormi.

Il me restait à peine le temps de courir aux bureaux
de la diligence lorsque je revins de l'épuisement extrême
dans lequel m'avait jeté l'agitation que je viens de dé-
crire. Je ne m'occupais plus de question de vie ou de
mort; je courus chercher l'enfant que je serrai tendrement dans mes bras.

Joseph, que j'accablai de questions, me répondit avec
un petit air souffrant, et me dit qu'ayant mangé du fruit
dans la voiture, il avait un mal d'estomac. Jugeant qu'un
peu d'exercice lui ferait du bien, je le fis promener
longtemps, à sa grande satisfaction. Le pauvre enfant
était tout yeux. Je m'oubliai avec lui, lorsque tout-à-coup
on eût dit qu'un nuage errait sur ma tête.... Joseph est
heureux, il faut qu'il meure! Ce n'était plus un débat,
c'était un besoin calme autant qu'impérieux. Rien dé-

sormais ne pouvait lui éviter la mort. « Je l'aurais tué « au milieu de la rue plutôt qu'il ne m'eût échappé. »

Après avoir marché jusqu'à la barrière de la Petite-Villette, nous nous étions arrêtés à l'embranchement d'un petit chemin aux dernières maisons de la Petite-Villette pour attendre la voiture de Pantin, lorsque l'enfant demanda à satisfaire un besoin. Ce me fut une commotion électrique... *Ce sera ici même ! Dieu le veut !*

« Nous nous engageons dans le petit chemin rasant les maisons. Un sentier nous mène dans une pièce de terre. L'enfant satisfaisant son besoin tombe frappé d'un coup de marteau qu'il n'a pas vu venir. Il ne donne plus le moindre signe de vie. A la vue du cadavre immobile de Joseph je crus rêver. Je le soulevai ; je lui parlai... *Mort...mort ! Ah ! qu'il ne revienne pas à la vie le pauvre enfant !* et je le frappai sur les tempes ; et cherchant un autre instrument de mort pour assurer la cessation de la vie, je saisis mon couteau de poche d'une main crispée et je coupai la gorge du cadavre.

Je voulus fuir en voyant le sang couler avec violence ; mes forces m'abandonnèrent et je tombai à quelques pas de ma victime. La providence ne permit pas qu'aux portes de Paris, à huit heures et demie du soir, à dix pas d'un chemin vicinal, dans un lieu ouvert aux regards de tous côtés, par un clair de lune, il se soit trouvé un être témoin de cette scène affreuse.

Lorsque je me relevai le cadavre était froid. Un tremblement convulsif agitait tous mes membres. Je roulai le corps de Joseph dans un petit fossé qui se trouvait à côté du lieu du meurtre, et je me dirigeai rapidement vers le centre de Paris.

Toutes mes pensées se portaient vers Marie ; les douloureuses images qui m'obsédaient en pensant à elle ne faisaient que dénaturer de plus en plus mes idées et mes sensations.

Mais Marie !!! j'ai promis de la rendre heureuse.... Joseph... j'avais promis d'être son père.... Mathilde..., je l'ai adoptée pour mon enfant.... Et puis, sans moi, ma mère pleurerait inconsolable.... mon pauvre père dans quelques jours trainerait peut-être la besace de l'indigence...... Non.... j'aurai le temps de les tuer tous.

Ces raisonnements étaient les miens ; aussi mes actes s'appellent-ils *les assassinats de la Villette et d'Artigues.*

Chère et pauvre Marie !!! le bonheur n'est qu'une imagination.... Sois heureuse d'ignorance et d'espoir ; figure-toi toutes les félicités d'une terre promise qui t'attend.... et chaque lettre de Marie m'inspirait une réponse de calme, de bonheur et de vérité.

Marie m'avait écrit que le terme du loyer de son appartement expirait au 15 mai, que ses préparatifs de départ se faisaient de manière à être rendue à Paris vers cette époque ; j'écrivis à Marie que j'irais au devant d'elle jusqu'à Bordeaux, et pour que cette détermination ne l'étonnât pas, je lui dis qu'il me fallait prendre à Angoulême deux jeunes enfants dont on voulait me confier l'instruction, et que notre rendez-vous commun serait à un hôtel que je lui désignai.

Retardé dans ma route, j'écrivis de Poitiers pour rassurer Marie ; elle pleurait et paraissait avoir beaucoup pleuré lorsque j'entrai dans sa chambre. Je restai stupéfait à cette vue, de grosses larmes s'échappèrent de mes yeux.

Sans prononcer un seul mot je m'emparai des mains de Marie et les pressai fortement sur ma poitrine ; mon imagination subjuguée par la sensation du moment me fit oublier tous les projets formés ; je ne songeai plus qu'aux moyens de la rendre à sa gaité : la plus vive satisfaction eut bientôt succédé aux peines.

Nous n'avions pas encore épuisé toutes les distractions que pouvait nous offrir Bordeaux que j'étais revenu à toutes mes pensées de mort en la voyant heureuse, et en pensant qu'à cet instant de bonheur succéderaient des années d'infortune.

J'étais en proie à toute l'horreur de mes réflexions lorsqu'il me vint en pensée de lui tout avouer. Cette résolution semblait me soulager d'un poids énorme qui m'oppressait malgré l'exaltation de mes idées. Penser !... je ne pensais plus... je cherchais des distractions par les courses... mes membres agissaient... mais ma tête tourbillonnait dans un chaos de pensées... j'étais et je n'étais pas. Après avoir fait le choix du lieu que je croyais propre au dénouement attendu, j'arrêtai une voiture qui devait venir prendre trois personnes à huit heures et demie du soir pour les porter sur la route, à une distance donnée et assez près du lieu précédemment choisi. Tout s'exécutait ; mais j'étais loin d'avoir l'énergie froide qui m'animait lors de 'a mort de Joseph.

Rentré à l'hôtel vers les six heures du soir, je me donnai beaucoup de mouvement pour préparer le départ; à neuf heures la voiture roulait, nous emportant, Marie, l'enfant et moi sur la route de Libourne. Je passais de l'espoir à la crainte, de la crainte à l'espoir; je ne pouvais maîtriser le tremblement qui me saisissait par intervalle; j'étouffais. Je voulais me rappeler les paroles préparées pour Marie... mémoire et jugement, tout m'avait abandonné. Marie, inquiète de mes souffrances et du silence qui les accompagnait, recevait pour toute réponse : « Ce n'est rien; c'est un mal d'estomac qui passe déjà. »

La voiture renvoyée, nous marchâmes quelques minutes pour arriver à l'embranchement du chemin auquel nous devions nous détourner. Mes genoux fléchissaient, l'air manquait à mes poumons: il m'était impossible d'unir deux idées. J'allais défaillir sous la violence de mes émotions, lorsqu'arrivé à la petite place que j'avais choisie pour le lieu de l'explication, je m'arrêtai ... un transport indicible agita ma tête; mes membres frémirent... je devais être effrayant !.. Je m'avançai vers Marie, armé du marteau... Je frappai. Je la vis tomber... et au moment où le fer s'échappait de mes mains, un cri de l'enfant me rendit à mon transport. Je frappai encore, je ne sais dans quel ordre; mais le silence de mort qui régnait autour de moi fut accompagné des mêmes errements qui devaient prévenir le retour de la vie chez Joseph.

Stupide et hébété, j'allai m'accroupir à quelque pas

de mes victimes. Je n'éprouvais aucun besoin de m'é-
loigner de ce théâtre d'horreur. La pluie qui tombait en
abondance, accompagnée d'un grand vent, m'avait percé sans que je m'en aperçusse, lorsque les aboiements
d'un chien me firent bondir sur la place. Des terreurs,
comme les hommes ne m'en ont jamais inspiré, s'em-
parèrent de moi. La pluie me brûlait, le vent me maudissait. Mon parapluie même me paraissait un spectre.
Il me semblait que la nature entière parlait de mes
meurtres, que les cadavres se dressaient pour m'accuser.
Pour la première fois seulement j'eus peur de Dieu.   .

.   .   .   .

Je n'ai qu'un souvenir confus de tout le reste. J'ai mis
assez de franchise dans mes aveux pour qu'on ne croie
pas que je veuille taire des circonstances qui n'ajoute-
raient rien à l'horreur de mes actes.

Après cette lecture, le défenseur reprend en ces termes :

« Je vous l'avoue, Messieurs les jurés, ces dernières
lignes tracées de la main d'Elicabide : « Je ne demande
aucune grâce, ma mort sera bien méritée, » relèvent
mon courage. Il me semble entendre une voix intérieure qui me crie : fouille dans la conscience de cet homme, pénètre dans ses pensées; informe-toi des malheurs
de sa famille ; remonte jusqu'à la source du sang qui
coule dans ses artères ; interroge ceux qui l'ont connu,
et confie-toi à la justice des hommes.

« Mais ce repentir si énergiquement exprimé par ces
mots : « Ma mort sera bien méritée, » suffira-t-il à la

justice de la terre ? Non, Messieurs, je le reconnais ;
mais ne vous hâtez pas avant de m'avoir entendu, de ra-
vir à la triste humanité cette consolante idée, qu'il peut
exister un abime entre Eliçabide et un assasin.

« D'abord, étudions l'homme ; voyons ce qu'il était
avant ces meurtres dont il vous raconte lui-même tous
les détails.

Ici le défenseur retrace aux jurés les dépositions des
témoins entendus dans l'instruction. Ce sont presque
tous des instituteurs et des supérieurs de séminaires,
sous lesquels Eliçabide a étudié, qui s'accordent unani-
mement à le représenter à ces époques comme un de
leurs meilleurs élèves, se conduisant fort bien envers ses
maîtres et ses condisciples, accomplissant, en un mot
tous ses devoirs d'une manière édifiante, et ne faisant
nullement soupçonner alors qu'il fût jamais capable un
jour d'accomplir les crimes dont il est accusé.

Ils ajoutaient même l'éloge de sa bonté, de sa douceur
et de son penchant habituel à obliger tout le monde et à
se priver pour secourir les malheureux.

« Tels sont, Messieurs les jurés, les témoignages qui
se trouvent écrits dans la procédure.

« Ne croyez pas cependant qu'en les plaçant sous vos
yeux j'aie pour objet de jeter la moralité de l'accusé dans
l'un des bassins de la balance que la justice vous a confiée.

« Si le triple meurtre qui a été commis l'a été avec une
volonté libre, dégagée de toute influence physique ou morale, loin de moi l'idée de vouloir en affaiblir l'horreur par

des considérations qui ne sauraient en atténuer la gravité!

« Il faut donc rechercher, et rechercher de bonne foi, si le fait dont l'existence est avouée est le résultat d'une volonté placée dans une situation normale. Et d'abord je conçois jusqu'à un certain point un assassinat commis pour satisfaire une passion quelconque, telle que la soif de l'or, le désir ardent de se venger d'un outrage, un sentiment de jalousie porté jusqu'à la rage. En admettant encore que celui qui se rend coupable ait dans le caractère un degré de perversité qu'il est bien difficile de voiler à tous les regards dans le cours de toute une vie.

« Mais ce que je ne conçois pas, ce que je ne concevrai jamais, ce sont deux enfants de neuf et dix ans froidement égorgés, mutilés, ainsi que leur mère, par l'individu qui les protégea et les aima, sans qu'on puisse donner à ces actes une explication tant soit peu raisonnable.

« Le problème reste donc toujours insoluble ; et cependant il faut en trouver la solution : car les meurtres existent, et l'accusé s'en avoue l'auteur, sans chercher à en déguiser les circonstances les plus aggravantes.

« Ici encore nous sommes obligés de recourir aux témoignages recueillis par le magistrat et aux documents que la procédure nous fournit.

« Je lis dans cette procédure une foule de dépositions qu'il importe de vous faire connaître ; et quant aux conséquences qu'il faudra en déduire, des autorités, bien autrement imposantes que ma parole, vous les signaleront. »

Les autres dépositions invoquées par le défenseur sans être en opposition avec le sens des témoignages déjà cités, témoignent que le caractère de l'accusé était sombre et taciturne. Il n'avait pas l'air de tenir aux succès qu'il était sûr d'obtenir. Il s'irritait à la plus légère contrariété, et alors se révélait la bizarrerie de son caractère. Lorsqu'il conversait avec ses camarades, il fallait toujours aller au devant de lui ; autrement il serait resté seul et isolé, comme il en avait l'habitude. Toujours retiré et silencieux, il ne sortait de sa taciturnité que pour développer des idées systématiques, qu'il paraissait défendre avec chaleur. Le fond de son caractère était l'orgueil, et lorsque, discutant avec ses maîtres il était obligé de céder à leur autorité, il paraissait se renfermer plutôt dans sa supériorité que déférer à leurs arguments.

Eliçabide était pieux. Malgré cela, cependant une fois à la messe, ainsi que cela avait lieu tous les jours, au lieu de prendre son livre de piété il prit un Virgile, qu'il lut pendant la messe ; et lorsqu'on lui en fit l'observation en sortant, il répondit avec un étonnement bien marqué qu'il était surpris d'avoir eu une pareille distraction, qu'il ne s'en était nullement aperçu.

Il se plaignait assez souvent de souffrir de la tête ; et par suite il lui arrivait de manquer quelquefois les classes sous ce prétexte. C'est le seul reproche que ses supérieurs eussent à lui faire ; car autrement sa conduite n'offrait rien qui en méritât.

« Lorsque je réunis toutes les circonstances que je viens de relever, poursuit le défenseur, et que je les soumets à

une froide analyse, des doutes s'élèvent dans mon esprit,
et je ne suis pas sans l'espérance de vous les faire partager.

« Assurément, le plus épouvantable des événements
est venu jeter l'effroi dans tous les esprits, et si je pouvais croire qu'un pareil attentat fût l'effet d'une volonté libre, on ne me verrait point disputer à la justice la
tête de l'assassin.

« Mais non... Pour l'honneur de l'humanité, ne pré-
cipitons pas notre jugement ! Ne croyons pas encore !

« Les maladies de l'esprit, comme celles du corps, sont
le secret de la nature. Nous en connaissons les effets ;
nous ne pouvons en pénétrer les causes. Et c'est peut-
être cette ignorance profonde des mystères de la création qui a porté des philosophes graves à désirer que
nous n'eussions dans nos codes que des peines tempo-
raires.

« Je cherche les motifs qui ont pu conduire sa main,
non pour sonder la profondeur des plaies, mais pour
découvrir le mobile qui a pu armer et pousser cette
main, et ici nous sommes forcément conduits à penser
que, plus les actes reprochés à Eliçabide seront hors de
la nature, plus il nous sera impossible d'admettre qu'ils
sont l'effet d'une volonté libre.

« Mais encore faut-il trouver un mobile quelconque
qui ait poussé à l'action ; car supposer un triple assassinat sans passion, sans intérêt, c'est le supposer sans volonté ; ce n'est plus alors qu'un acte de démence.

« Nous sommes donc forcés de rechercher encore, et
cette investigation ne paraîtra pas indiscrète lorsqu'on

saura que le magistrat qui a instruit cette procédure avec tant de soin a senti la nécessité de s'y livrer.

« Il a été constaté que la grand'mère d'Eliçabide était morte dans un état de démence complet, suite d'une dévotion trop exaltée ;

« Vous vous rappelez aussi, Messieurs, le langage tenu par ces respectables ecclésiastiques, ces directeurs de séminaires, ces supérieurs de colléges, qui ont eu quelques rapports avec l'accusé.

« Si donc nous voulons être justes, il faut que nous reconnaissions que l'accusé pouvait fort bien ne pas être dans un état parfaitement normal.

« Et si à côté de cette tendance héréditaire, de cette taciturnité, de ces bizarreries de caractère, de cet amour pour l'isolement, de ces lectures passionées de livres mystiques, nous plaçons un triple meurtre dont les causes restent impénétrables, il faudra bien que nous fassions de nouveaux efforts pour découvrir le mystère qui a amené et couvert de pareils actes.

« Le mot de monomanie est de création nouvelle, mais ses effets ne le sont pas.

« De tous les temps la nature a eu des aberrations ; de tous les temps ce que nous appelons notre esprit, notre imagination, notre âme, a eu ses maladies comme la matière qui les enveloppe.

« Ecoutons la parole des maîtres de l'art, de ceux qui ont consacré toute leur vie à étudier l'homme dans son état physique et moral.

« Les mélancoliques, disent-ils, sont entraînés par un

délire partiel, par une idée fixe, par l'exaltation de leur sensibilité, par l'égarement des passions, par l'erreur du jugement. Tous ont un motif connu et avoué. Ils obéissent à une impulsion réfléchie, et même avec préméditation. Il en est qui ont pris des précautions pour accomplir leur désir.......... Un très-petit nombre a cherché à fuir et à se cacher, ayant la conscience qu'ils commettaient ou avaient commis une mauvaise action, Quelques autres se réjouissent, sont calmes et satisfaits après l'acte le plus atroce, principalement ceux qui ont obéi à un sentiment religieux.

« Ils ne sont jamais déraisonnables, même dans la sphère des idées qui caractérisent leur délire. Ils partent d'une idée fausse, d'un principe faux ; mais tous leurs raisonnements, toutes leurs déductions, sont conformes à la plus sévère logique.

« Pour ce qui est étranger à leur idée fixe, ils sont comme tout le monde, apprécient très-bien les choses, jugent très-bien des personnes et des faits, raisonnent tout aussi juste qu'avant d'être malades. Le caractère, les habitudes, la manière de vivre du mélancolique ont changé parce que le délire altère les rapports naturels entre le moi et le monde extérieur.

« Quelque désordonnées que soient leurs actions, ils ont toujours des motifs plus ou moins plausibles de se justifier, en sorte qu'on peut dire d'eux que ce sont des fous raisonnables.

« Dominés par une passion portée jusqu'au délire, ils

jouissent d'ailleurs de leur raison. Quelques motifs, plus ou moins plausibles à leur sens, les déterminent; ils choisissent pour leurs victimes les objets les plus chers à leur cœur. Ils commettent l'homicide avec calme et tranquillité, du moins en apparence. Après l'avoir commis, ils ne sont ni émus ni inquiets; ils sont plus calmes après l'avoir commis qu'avant; quelquefois ils paraissent contents.

Il arrive souvent que l'altération mentale qui porte à l'homicide ne présente aucune altération appréciable de l'intelligence ou des affections. Les malades sont entraînés par un instinct aveugle, en quelque sorte indéfinissable, qui porte à tuer.

« Poussés par une impulsion réfléchie et motivée, ils sont soigneux quelquefois de prendre des précautions pour assurer leurs coups et même pour en dérober les preuves. »

« Mais, me dira-t-on, un pareil système peut offrir des dangers et assurer l'impunité.

« Ces craintes, messieurs les jurés, sont chimériques, et le même médecin s'est chargé de les dissiper.

« Il pose d'abord l'objection en ces termes :

« Cet état de l'homme est impossible, a-t-on dit : votre monomanie est une supposition; c'est une ressource moderne et commode, tantôt pour sauver des coupables et les soustraire à la sévérité des lois, tantôt pour priver arbitrairement un citoyen de sa liberté. Tout homme qui a la conscience de son être peut résister à ses penchants, surtoutlorsque ses penchants sontaffreux et révoltent tous les sentiments. Il doit puiser des motifs de résistance dans la religion, dans les devoirs sociaux, dans la crainte du châtiment; s'il ne triomphe pas, il est coupable. L'homme ne peut perdre son libre arbitre que par l'égarement de la raison ; or, selon vous, ces malades sont raisonnables.

« A cela je répondrai : Si l'intelligence peut être pervertie ou abolie ; s'il en est de même pour la sensibilité morale, pourquoi la volonté, ce complément de l'être intellectuel et moral, ne serait-elle pas pervertie ou anéantie ? Est-ce que la volonté, comme l'entendement et les affections, n'éprouvent pas des vicissitudes suivant mille circonstances de la vie ? Est-ce que l'enfant et le vieillard ont la même force de volonté que l'adulte ? Est-ce que toute maladie n'affaiblit pas l'énergie de la volonté ? Est-ce que les passions n'amollissent pas ou n'exaltent pas la volonté ? Est-ce que l'éducation et mille autres influences ne modifient pas l'exercice de la volonté ? S'il en est ainsi, pourquoi la volonté ne serait-elle pas soumise à des troubles, à des perturbations, à des débilités maladives, quelque incompréhensible que cet état soit pour nous. Comprenons-nous mieux les maladies qui ont pour caractère la perversion de l'intelligence ou celle de la sensibilité morale ?

« Les mélancoliques homicides sont isolés, sans complices qui puissent les exciter par leurs conseils ou leurs exemples. Les criminels, au contraire, ont des camarades d'immoralité, de débauche, et ont ordinairement des complices.

« Le criminel a toujours un motif : le meurtre n'est pour lui qu'un moyen pour satisfaire une passion plus ou moins criminelle, parceque toujours l'homicide du criminel est compliqué d'un acte coupable. Le contraire a lieu dans la monomanie homicide.

« Le criminel choisit ses victimes parmi les personnes qui peuvent faire obstacle à ses desseins, ou qui pourraient déposer contre lui.

« Le plus souvent le monomaniaque choisit ses victimes parmi les objets qui lui sont les plus chers. Une mère tue son enfant, et non l'enfant de l'étrangère. Un mari veut tuer sa femme avec laquelle il a vécu dans la plus douce harmonie pendant vingt ans. Une fille veut tuer la mère qu'elle adore. Cette horrible préférence s'observe chez tous ces malades. N'est-elle pas une preuve évidente que ni la raison, ni le sentiment, ni la volonté n'ont dirigé le choix de la victime, et que, par conséquent, il y a eu perturbation des facultés qui président à leur détermination.

« Si à ces raisonnements fondés sur l'expérience on veut ajouter les exemples, on en trouverait de bien saillants dans les ouvrages destinés à traiter cette matière.

« Je n'en citerai qu'un petit nombre :

« M. C....., avoué au tribunal de....., était dans son cabinet, lorsqu'un de ses beaux-frères, âgé de douze ans, s'y présenta. M. C...... le prend, comme pour jouer, par les cheveux, et le conduit en jouant vers son bureau. Là il renvoie cet enfant, et laisse échapper ce mots : « Il n'en vaut pas la peine. »

« Le troisième jour, sous prétexte de vérifier sa cave, il y descend accompagné de sa femme. Quelques instants après, la belle-sœur de sa femme, âgée de vingt ans, ne voyant plus remonter son beau-frère et sa femme, descend dans la cave.

« Personne ne remonte. On s'inquiète, on y descend, on voit les deux femmes égorgées, et M. C..., retranché dans un coin de la cave, et un rasoir à quelques pas de lui. On s'en saisit. Une procédure s'instruit. Une détention à Charenton en fut le résultat.

« Un chimiste distingué, poète aimable, d'un caractère naturellement doux et sociable, vint dans une maison de santé du faubourg Saint-Germain. Tourmenté du désir de tuer, il se prosternait au pied des autels, et implorait la divinité de le délivrer d'un penchant si atroce, et de l'origine duquel il n'a jamais pu se rendre compte. Lorsque ce malade sentait que sa volonté allait fléchir sous l'empire de ce penchant, il accourait vers le chef de l'établissement, et se faisait lier avec un ruban les pouces l'un contre l'autre. Cette frêle ligature suffisait pour calmer ce malheureux, qui cependant a fini par exercer une tentative d'homicide sur un de ses gardiens.

« M. N....., âgé de vingt et un ans, d'une taille élevée, maigre, d'une constitution nerveuse, a toujours eu le caractère sombre, bourru. Il avait perdu son père à quatorze ans. A dix-huit ans sa tristesse augmenta. Il fuyait les jeunes gens de son âge, vivait isolé, travaillait avec assiduité dans un magasin. Rien dans ses discours, dans sa conduite n'annonçait d'altération mentale.

« Mais il déclarait qu'il sentait une forte impulsion qui le portait au meurtre, et qu'il était des instants où il aurait plaisir à répandre le sang de sa sœur, à poignarder sa mère. On lui fait sentir toute l'horreur de ses désirs, et les peines qui attendent ceux qui les satisfont ; il répond froidement : « Alors je ne suis plus le maître de ma volonté. »

« Plus d'une fois, quelques minutes après avoir embrassé sa mère, il devient rouge ; son œil est brillant, et il s'écrie : « Ma mère, sauvez-vous ! je vais vous égorger. » Bientôt après il se calme, verse quelques larmes et s'éloigne. Un jour, il rencontre dans les rues un militaire suisse, saute sur son sabre, veut l'arracher de vive force pour égorger ce militaire, qu'il ne connaît pas. Un autre jour il attire sa mère dans la cave, et veut la tuer avec une bouteille.

« Depuis six mois que ce jeune homme est dominé par cette horrible impulsion, il dort peu, souffre de la tête, ne veut voir personne, est insensible au chagrin de sa famille ; mais il n'offre nulle apparence de délire dans ses discours.

« Conduit à Charenton, ce jeune homme (raisonnable sur tout le reste) raconte avec le plus grand sang-froid qu'il a été cinq ou six fois sur le point de tuer sa mère et sa sœur ; qu'au surplus il n'a aucun motif pour leur en vouloir.

« Soumis à un traitement, il est devenu peu à peu plus docile, plus communicatif; il recherche la distraction, voit sa mère et sa sœur, et réclame sa sortie en assurant qu'il n'a plus d'idées sinistres.

« Après dix-huit mois d'isolement, il est rendu à sa famille; il témoigne pour elle le plus vif attachement; il travaille dans le commerce avec activité et intelligence, et rien, depuis onze ans, n'a troublé sa raison et ses affections. »

« Un vigneron, tue ses enfants, mais il les tue pour qu'ils ne soient pas damnés. Et pourquoi cela? parce que son affection mentale a posé un faux principe; que sur ce faux principe il a basé un jugement, d'après lequel il raisonne juste, quoique les conséquences en soient erronées.

« Il faut en dire autant de ce fanatique, qui imagina de purifier sa famille, qu'il idolâtrait, par le baptême de sang, qui commença par égorger ses enfants, et qui allait faire subir le même sort à sa femme, si elle ne s'y fût soustraite par la fuite.

« Tous ces exemples, sans doute, sont affligeants, mais est-ce une raison pour les repousser, pour ne pas profiter des leçons qu'ils nous donnent, pour ne pas écouter les avis de l'expérience?

« Je le demande à votre conscience, à votre raison, et je dirai à chacun de vous:

« Jurés! vous avez devant vous un accusé qui vous livre sa tête; il ne vous a dissimulé aucun de ses actes;

il a écrit pour vous l'histoire entière de sa vie. Il vous a dit : « Je ne demande aucune grâce ; j'ai mérité la mort ; prononcez. »

Après la brillante plaidoierie de M⁰ Gergerès, le président demande à l'accusé s'il n'a rien à ajouter à sa défense.

Eliçabide fait de la tête un signe négatif.

M. le président, dans un brillant exposé, résume les moyens de l'accusation et de la défense, et engage le jury à se souvenir qu'il représente les intérêts de la société justement alarmée.

Le jury, après une longue délibération, rentre en séance, et son chef, la tête découverte, la main placée sur le cœur, prononce ces graves et terribles paroles.

« Oui, à la majorité absolue, l'accusé Eliçabide est coupable d'homicide volontaire avec préméditation. »

La Cour, faisant application de la loi, *condamne Eliçabide à la peine de mort.*

Ce grand coupable a entendu sans émotion son arrêt : « *Allons, mon pauvre cou,* a-t-il dit en passant la main sous sa cravate, *c'est toi qui paieras tout.* »

ELIÇABIDE APRÈS SA CONDAMNATION.

Rentré dans sa prison, il y a trouvé un ecclésiastique du diocèse de Bordeaux, M. l'abbé Gérard, qui l'a exhorté à tourner ses regards vers Dieu, qui pardonne au repentir. « M. l'abbé, a dit Eliçabide, ma mort sera un exemple pour la société. Sera-t-il fructueux ? J'en doute. Les exemples ne m'ont pas manqué, et cependant la fatalité l'emporta. »

« Que pensez-vous de mon sort, a demandé dernièrement Eliçabide à son défenseur ; n'est-il pas bien désespéré ?... » — « Je crois, a répondu M° Gergerès père, que les motifs de cassation sont très-sérieux. »—« Au fait, a ajouté le condamné, si je meurs, ce ne sera qu'une anticipation..... il faut toujours finir par là... Seulement ce qui me semble une cruauté légale tout à fait inutile, c'est de supplicier un homme en public, devant une foule de curieux qui insulte à ses derniers moments... Au moyen âge on était plus humain , peu de personnes assistaient aux supplices de la question... »

Eliçabide paraît du reste résigné et calme ; il a une longue chaîne aux pieds , mais ses mains sont libres. Le perruquier de la prison étant venu le raser il y a quelques jours, lui demanda : « Vous fais-je mal ?... »—« Qu'importe, a répondu Eliçabide, ne faut-il pas que je m'y habitue ?... »

Il a demandé des livres, et on n'a pas cru devoir les lui refuser... Il lit *le dernier Jour d'un Condamné*, de M. Victor Hugo, et il a fait rechercher *le Lendemain du dernier Jour d'un Condamné*, brochure qui a eu un grand succès à Paris il y a onze ans. « Ah ! monsieur, a-t-il dit à une personne de la prison, si M. Hugo était condamné à mort, quel beau livre *d'impressions* il ferait !... »

Il raisonne sur son état avec un sang-froid remarquable. « Le jury a reconnu que je n'étais pas aliéné, dit-il; mais n'est-il pas possible d'être aliéné par intervalles, et l'aliénation a-t-elle besoin d'être chronique ou perpétuelle pour être véritable ? L'esprit n'a-t-il pas ses heures d'égarement comme le corps ses moments de maladie ?... Que diraient les médecins si, ouvrant mon crâne après ma mort, ils y trouvaient des symptômes de désorganisation ?... — Auraient-ils le courage de l'avouer ? » — « Vous croyez-vous fou ? lui a demandé un gardien. — Je ne puis apprécier mon propre état... Tout ce qui s'est passé est un rêve pénible dont je n'ai pas encore l'explication... Cependant je me rappelle une circonstance qui m'est revenue depuis peu à la mémoire. Pendant mon séjour à Paris, j'obtins un jour de M. le docteur Esquirol la faveur de visiter son bel établissement de Charenton-le-Pont. Comme je sortais de la cour, après avoir visité les salles des aliénés inoffensifs, j'entendis un infirmier dire à un malade qui se promenait avec lui, en me montrant : *Voilà un gibier qui nous reviendra !...* »

Le condamné est tranquille, poli, affectueux même envers les personnes qu'il voit... Son défaut dominant paraît être un orgueil excessif. Il n'éprouve de tristesse réelle que lorsqu'il parle de sa famille : Pauvres victimes!... dit-il alors tout-bas.

EXÉCUTION D'ELIÇABIDE.

Des mesures sévères avaient été prises par l'autorité pour que le jour de l'exécution ne fût point connu d'avance. On a voulu mettre un frein à la scandaleuse curiosité qui attire toujours la foule aux exécutions des grands criminels. L'échafaud fut donc construit pendant la nuit; mais toutes les précautions furent insuffisantes. A peine les premières poutres étaient-elles posées que la place d'Aquitaine fut garnie de curieux; on évalue leur nombre à trente ou quarante mille.

A six heures: une heure avant l'instant fatal, le greffier se rendit dans la prison pour signifier au condamné le rejet de son pourvoi en cassation.

Eliçabide dormait, et l'on fut obligé de le pousser à plusieurs reprises pour le tirer de son sommeil. A peine eut-il ouvert les yeux, qu'il devina, à l'aspect inaccoutumé du greffier près de son lit, qu'il s'agissait pour lui d'une question de vie ou de mort; il écouta avec assez de calme l'annonce du rejet de son pourvoi; il était préoccuppé d'une autre idée.

L'orgueil, qui a dirigé toutes les actions de sa vie, et que du reste il a reconnu lui-même faire la base de son caractère, l'empêchait d'adresser une question directe. Néanmoins, l'appréhension l'emportant, il demanda avec une indifférence affectée : *Et..... est-ce pour aujourd'hui ?*

Il avait lu d'avance la réponse sur le visage du greffer ; il fit de violents efforts pour conserver son calme pendant qu'on le débarrassait de ses fers. . . Durant cette opération, il répéta plusieurs fois : *C'est aujour-d'hui que tombent toutes mes chaînes. . . . Je ne me plains pas ; seulement j'aurais désiré être prévenu d'avance.* M. l'abbé Promis a été introduit en ce moment, et Eliçabide, à qui l'on venait d'apprendre que les scellés avaient été posés sur ses mémoires, lui a recommandé de les revoir. Je vous autorise, a-t-il dit, à y faire tous les changements que vous jugerez nécessaires pour qu'ils puissent paraître.

De là il s'est rendu à la chapelle, où il a pieusement écouté les exhortations du digne aumônier, et il en est sorti tout-à-fait calme, et trempant l'extrémité de ses doigts dans le bénitier, il fit dévotement le signe de la croix et se livra aux exécuteurs.

C'était le moment que le condamné redoutait le plus sans doute ; mais il trouva dans sa vanité des forces pour le supporter : « Laissez-moi, dit-il à celui qui voulait lui ôter son habit, je veux pour la dernière fois l'ôter moi-même . . . . » Et il aida les exécuteurs dans tous les préparatifs de la toilette. Son courage ne se démentit point . . . . La seule plainte qui se soit échappée de sa bouche est celle-ci : Tout ceci est bien long ! . . . .

Cependant les violents efforts qu'il faisait pour soutenir ce rôle commençaient à l'épuiser, et un léger frisson agitait par moments tout son corps d'un tremblement convulsif ; il a redemandé alors l'abbé Promis, et il est sorti de la prison. Ici la forfanterie a repris le dessus, et à peine Eliçabide eut-il jeté les yeux sur les nombreux spectateurs de son supplice, que son assurance tout entière lui revint, et sauf une pâleur livide et continuelle, et un mouvement de tête qu'il fit en apercevant l'échafaud, il ne donna plus aucun signe de faiblesse ... Il regardait de tous côtés, communiquait ses réflexions à son confesseur, enfin il avait toute l'attitude d'un homme qui veut s'étourdir .... il était là sous le regard de trente mille personnes ; il ne voulait pas faiblir. Comme son confesseur lui parlait des souffrances du Christ, il a répondu : .... *Le Christ était bon, et on le maudissait : moi je suis mauvais, et l'on ne me maudit pas !*

« Pourtant, a-t-il ajouté un instant après, je suis fait comme tous les autres hommes. » M. l'abbé Promis chercha à le rappeler à des sentiments religieux, Eliçabide lui a répondu avec une voix résignée : « Dans quelques instants je ne penserai plus du tout ! »

Le trajet a duré plus d'un quart d'heure, tant la foule était compacte. Arrivé au pied de l'échafaud, Eliçabide a demandé tout à coup en désignant des yeux les assistants : « Est-ce que tous ces gens-là ne sont pas plus méchants que moi ? » Grave question que nous donnons à méditer aux amateurs d'exécutions. Eliçabide a franchi seul et d'un pas ferme les marches de l'échafaud. Une fois sur la planche fatale, il a demandé qu'on rompît un de ses liens qui le gênait ; et moins d'une demi-minute après la tête était séparée du tronc. On a remarqué que pas une parole de commisération n'a été prononcée dans la foule ; nous pouvons citer une conversation assez naïve tenue sur la place et qu'un témoin nous a communiquée.

« J'ai eu aussi un amant, disait une femme, mais il ne m'a pas tuée comme cela.

— « Pardieu, reprit un homme vêtu d'une blouse, si tous les amants faisaient comme celui-là, vous ne seriez pas ici tant de femmes à regarder ! »

Le cadavre d'Eliçabide a été jeté dans la fosse des suppliciés, sa tête seule a été réservée pour les études anatomiques.

AFFAIRE BENOIT.

Parricide. — Assassinat.

COUR D'ASSISES DE LA SEINE.

Aucun procès criminel n'a présenté peut-être un concours semblable de circonstances extraordinaires. C'est un jeune homme de dix-neuf ans qui vient se défendre contre une accusation de parricide et d'assassinat sur la personne de son ami. C'est un père de famille qui vient, comme partie civile, soutenir l'accusation, lui qui naguère fut poursuivi à l'occasion du crime imputé à Benoit, et qui ne fut acquitté qu'à égalité de voix.

Pendant une courte absence du sieur Nicolas Benoît, juge-de-paix à Vouziers, la dame Benoît, son épouse, était restée seule chez elle avec Frédéric Benoît son fils, âgée de dix-neuf ans, et Louise Feucher, sa nièce, âgée de dix-huit ans, qui lui servait de domestique. La dame Benoît, qui avait de l'argent en cachette et redoutait les voleurs, avait avant de se coucher, le 8 novembre 1829, pris la précaution de fermer avec plus de soin qu'à l'ordinaire les fenêtres et les persiennes de sa chambre située au rez-de-chaussée et donnant sur la rue. La dame Benoît s'était couchée vers les neuf heures, ainsi que sa nièce et son fils. Sa nièce, Louise Feucher, couchait à la distance d'environ dix pieds du lit de sa tante et Frédéric au premier étage ; le plus grand calme avait régné jusque vers minuit un quart, quand tout-à-coup les voisins entendirent Frédéric crier de la porte, *au secours, nous venons d'être volés !* Un voisin, le sieur Dosseraux, chirurgien, arrive un des premiers ; Frédéric le fait entrer et lui dit : *Appelez ma mère, nous sommes volés !* Le sieur Dosseraux pénètre dans le cabinet que lui indique Frédéric, où couche la dame Benoît, et là, il la trouve égorgée et baignée dans son sang. Du linge, de l'argenterie, un sac d'argent sont éparpillés dans la chambre ; la fenêtre et la persienne sont ouvertes ; mais la fracture des carreaux est faite du dedans au dehors.

Les voisins accoururent en foule ; des magistrats, des officiers de police, des médecins se transportèrent sur les lieux et constatèrent le corps du délit.

La dame Benoît était sans vie depuis une heure environ d'après les conjectures des hommes de l'art ; elle paraissait avoir reçu la mort pendant son sommeil ; car il n'y avait aucun desordre dans le lit où elle était couchée. Sa position était celle d'une personne endormie, et au premier coup-d'œil son corps ne présentait aucune trace de lésion ; mais en soulevant la tête légèrement fléchie sur la poitrine, on voyait une énorme plaie affectant les parties antérieures et latérales du cou, dans une longueur de 7 pouces sur une profondeur de 2 pouces et demi. Cette blessure très-nette avait dû être faite d'un seul coup par un instrument tranchant, bien affilé, tenu d'une main ferme, et la mort avait dû suivre presque immédiatement sans qu'il fût possible à la victime de pousser un seul cri ; le larynx, complètement coupé, n'ayant plus de communication avec la bouche.

Au dessus des oreillers du lit était un jupon de molleton fortement ensanglanté, quoiqu'il parût que le sang n'avait pu jaillir de ce côté. On conjectura que le meurtrier s'était servi de ce jupon pour couvrir la tête de la dame Benoît après lui avoir porté le coup mortel, et pour étouffer les cris qu'il craignait qu'elle ne poussât.

L'armoire placée dans la chambre avait été ouverte ; on avait forcé, à l'aide d'un intrument pointu introduit dans la serrure, un coffre adapté au bas de cette armoire, et on avait volé une somme de 6,000 francs en pièces d'or, renfermée dans un sac que M. Benoît avait déposé dans ce coffre avant son départ. Un autre sac contenant

2000 francs, en monnaie d'argent, quelques pièces d'argenterie, du linge, avaient été extraits du même coffre et de la même armoire, et placés sur le parquet où ils se trouvaient encore quand les premiers témoins entrèrent dans la maison. La porte d'entrée du logis était fermée à clé; sans aucune trace d'effraction, et la clé était placée à la serrure dans l'intérieur. Le lit dans l'alcove de la chambre où le vol avait eu lieu paraissait un peu foulé.

On remarqua avec surprise qu'il n'y eut dans cette chambre aucune trace de boue ni de sang ; cependant des malfaiteurs venus du dehors auraient dû nécessairement la traverser pour entrer dans le cabinet de la dame Benoit et pour s'en éloigner. Il n'existait non plus aucune trace de leur passage sur les appuis intérieur et extérieur de la croisée ouverte. Enfin, rien n'annonçait qu'ils se fussent servis de lumière pour commetre le vol et l'assassinat.

Une instruction est commencée. Les soupçons s'élèvent d'abord contre Auguste Benoit, fils cadet de la famille, que son inconduite a fait exclure de la maison paternelle ; mais l'instruction ne produit aucun résultat, et la prévention n'a pas de suite.

Cependant, un sieur Labauve, charcutier, père de famille, propriétaire et électeur à Vouziers, mais ennemi assez déclaré du sieur Benoit, est tout à coup accusé par ce dernier et par Frédéric, de l'assassinat de la dame Benoit et du vol commis. On arrête Labauve, on

instruit contre lui, et après plusieurs mois d'emprisonnement et du secret le plus rigoureux, il est traduit
devant les assises, où il n'est acquitté par le jury qu'à
six voix contre six.

Un tel acquittement n'était guère propre à dissiper les
doutes. Labauve prétend qu'un magistrat sollicité par sa
femme n'hésita pas à répondre : Votre mari est acquitté,
mais il est coupable.

Echappé au danger de perdre la tête, Labauve ne
recouvra point pour cela sa liberté ; il fut traduit de nouveau en police correctionnelle pour avoir, dans une
lettre pseudonyme, menacé Benoit père d'assassinat.
L'écriture était contrefaite ; elle fut cependant reconnue
pour être celle de Labauve, et motiva contre lui une
condamnation en première instance et en appel, au *ma-*
ximum de la peine, pour menaces de mort faites sous
condition, à *cinq années d'emprisonnement* et dix ans
de surveillance de la haute police.

En présence des faits qu'on vient de rapporter, la
nécessité de supposer aux auteurs du double crime qui
venait de se commettre une connaissance parfaite des
êtres et des habitudes de la maison, l'extrême difficulté,
pour ne pas dire l'impossibilité d'admettre que les malfaiteurs eussent réussi à ouvrir du dehors une persienne
fermée intérieurement et dont le crochet était fixé par
un cordon, puis à faire mouvoir par l'ouverture étroite
pratiquée dans l'angle d'un des carreaux inférieurs, l'es-
pagnolette de la croisée, et que la fracture du carreau,

l'ouverture de la fenêtre, le fait de l'introduction dans l'appartement, l'ouverture de l'armoire et le forcement du coffre à l'argent, n'eussent été entendus ni de Frédéric, ni surtout de la dame Benoit et de sa nièce couchée si près d'elle; l'absence des traces et des instruments du crime au dedans et au dehors de la maison ; enfin pour des voleurs étrangers, le défaut apparent d'intérêt à commettre l'assassinat, tout semblait de nature à éveiller les soupçons des magistrats sur les deux personnes qui, demeurées seules avec la dame Benoit dans cette nuit fatale, rendaient un compte si peu satisfaisant des circonstances extraordinaires du crime et de leur propre conduite avant et après l'événement.

Cependant Frédéric et sa cousine échappèrent l'un et l'autre aux soupçons de l'autorité, aveuglée par l'atrocité même de l'attentat dont elle recherchait les auteurs. Les magistrats de Vouziers ne connaissaient Frédéric que sous des rapports honorables, c'est-à-dire qu'ils le connaissaient mal, et cette prévention augmentait leur répugnance à supposer que ce jeune homme, à peine âgé de dix-neuf ans, se fût rendu coupable du vol exécuté à l'aide du parricide. Ils s'abusaient également sur le compte de Louise Feucher, et il ne leur vint pas dans la pensée qu'elle eût pu tremper dans une œuvre de scélératesse aussi profonde, elle, jeune fille de dix-sept ans accueillie dans la maison de sa tante et comblée de ses bienfaits ; mais la justice se laissait aller à des illusions ; elle s'égara.

Un crochet en bois, trouvé à trois pieds d'environ de la croisée ouverte, et avec lequel on crut qu'il avait été possible d'ouvrir la persienne, confirma dans l'idée que les malfaiteurs étaient venus du dehors. L'autorité ne fit donc, dans la maison de Benoit, aucune perquisition à l'effet d'y rechercher les vestiges du crime et les instruments qui avaient servi à le commettre. Les coupables doivent peut-être à ce défaut de précaution leur longue impunité et l'absence des charges les plus accablantes et les plus directes qu'on eût pu leur opposer.

Le sieur Benoit père éloigne de sa maison et de Vouziers même Frédéric, son fils, et Louise Feucher, sa nièce. L'un et l'autre se rendent à Paris. Louise y meurt quelques mois après son arrivée; Frédéric y a contracté la plus étroite liaison avec un jeune homme nommé Joseph Formage, âgé de dix-huit ans, qu'il arrache à son état, et auquel il confie, à ce qu'il paraît, l'horrible secret de l'assassinat de sa mère. Dès ce moment, Formage veut se séparer de Benoit; mais Benoit le retient tantôt par caresses tantôt par menaces. Enfin, le 21 juillet dernier, Benoit propose à Formage de faire le voyage de Versailles ensemble; ils s'y rendent, et descendent dans un hôtel, où ils prennent la même chambre. Le lendemain matin, Benoit sort seul sous prétexte d'aller faire une promenade à Trianon. Dans la journée, ne voyant pas descendre Formage, on monte dans la chambre, et on le trouve égorgé et baigné dans son sang. Le signalement de Benoit est donné, et il est bientôt arrêté. On lui conte l'assassinat de son ami, et sans trouble, sans la moindre émotion, il se contente de répondre « qu'il y a quinze jours qu'il ne l'a vu, et « que sa mère a été assassinée de la même manière. »

Le lendemain de son arrestation on le transféra à Versailles; on l'y conduisit dans la chambre où l'assassinat avait eu lieu. Il y fut visité par trois médecins. On constata qu'il avait aux pouces des deux mains trois plaies légères faites avec le même instrument tranchant et bien affilé, et sur la peau recouvrant le tibia de la jambe gauche une érosion légère. Ces diverses lésions parurent remonter à huit jours au plus. L'accusé qu'on avait fait déshabiller fut ensuite amené près du canapé, où l'on conjecturait que l'assassin avait frappé sa victime endormie; on lui fit placer son genou droit sur le coussin de ce meuble, tandis que le pied gauche posait sur le sol et la jambe gauche devant la traverse horizontale qui forme le devant du même canapé. On vérifia que l'arrête de cette barre, ou traverse, correspondait précisément à la hauteur de l'érosion de la jambe gauche.

Des brouillons de lettres trouvés dans les papiers de Formage à Paris, jetèrent quelques lumières sur les causes de l'assassinat de ce jeune homme. Dans un de ces brouillons, daté de Paris le 2 juillet 1831, et adressé à Frédéric Benoit, alors chez son père, à Vouziers, Formage lui demandait impérieusement 150 fr. dont il avait besoin. Il le sommait de lui envoyer cet argent avant huit jours, le menaçant, s'il ne le recevait pas, de partir le neuvième pour Vouziers et d'aller dévoiler aux parents et aux connaissances de Frédéric *un secret, un crime*, que ce dernier avait tant d'intérêt à tenir cachés.

Cette lettre ou ce projet de lettre auquel l'accusé feint de ne rien comprendre, et dont il prétend avoir connaissance pour la première fois, annonce que Formage avait reçu par confidence, ou découvert par hasard, un secret, dont la révélation pouvait être fatale à Frédéric. Si cette lettre fut mise au net et envoyée à son adresse, comme tout porte à le faire penser, elle explique et le retour de l'accusé à Paris peu de jours après, et son entrevue si longue avec Formage dans le jardin du Palais-Royal, et le voyage à Versailles, et l'attentat commis sur l'infortuné dont la mort importait à la sûreté d'un coupable.

Pendant que la justice informait sur ce crime, Labauve, du fond de sa prison de Clairvaux, déclara, par un fondé de pouvoirs, rendre plainte en parricide contre Frédéric Benoit, et se constituer partie civile sur cette plainte. Il indiqua les faits tendant à établir que Frédéric était l'auteur de l'assassinat commis au mois de novembre 1829 sur la personne de sa mère.

Le 16 décembre 1831, la cour royale de Paris évoqua les deux affaires. L'instruction à laquelle elle a procédé a complété les éléments de conviction contre l'accusé Benoit.

Il parut alors impossible de douter qu'il ne fût effectivement l'assassin de sa mère, comme il a été celui de son ami. La lettre de Formage, en date du 2 juillet, semble dénoncer le premier de ces crimes, et révéler les motifs du second. L'un et l'autre ont été exécutés par les mêmes moyens, avec les mêmes précautions, avec plusieurs circonstances semblables.

Les témoins de Vouziers, interrogés de nouveau, ont déposé de particularités non constatées lors de la première instruction, parce que celle-ci avait été faite sous l'influence de la prévention que les malfaiteurs étaient venus du dehors. Ces particularités induisaient à faire penser que l'assassinat de la dame Benoit fut l'œuvre de son fils Frédéric et de Louise Feucher, sa nièce.

D'autres témoins entendus à Nancy ont fait connaître que Frédéric, envoyé par son père dans cette ville, peu de temps après la mort de la dame Benoit, pour y travailler dans l'étude d'un notaire, y avait fait des dépenses excessives hors de toute proportion avec ses ressources ; qu'on lui avait vu dès cette époque des sommes considérables en or.

Enfin, l'on n'a pas tardé à savoir que, envoyé de Nancy à Paris, l'accusé, au lieu de travailler chez un notaire, comme son père le voulait, avait perdu son temps dans l'oisiveté, fréquentant les maisons de jeux et corrompant par le luxe de ses libéralités et de ses promesses des jeunes gens avec lesquels il se livrait aux actes de la plus infâme débauche ; qu'il avait long-temps vécu dans ces rapports honteux avec le jeune Formage, en le faisant passer pour un domestique at-

taché à sa personne ; que Formage, quelque temps avant
sa mort, avait déclaré dans une occasion où l'on pouvait suspecter sa fidélité, qu'il eût pu disposer, s'il eût
été malhonnête homme, de 6000 fr. en or, appartenant
à son ami Benoit, et renfermés dans une malle dont ce
dernier lui avait confié la clé. On se rappelle que la
somme volée chez la dame Benoit dans la nuit où elle
fut assassinée, était précisément de 6,000 fr. en monnaie d'or.

Les recherches faites dans le logement de Benoit à
Paris, le jour de son arrestation, procurèrent la découverte d'un étui à deux rasoirs qui n'en contenait
plus qu'un seul, et d'une somme de 2,400 fr. en pièces d'or formant quatre rouleaux enveloppés de frag-
ments du journal *le Constitutionnel,* auquel son père
était abonné à Vouziers, et sur lesquels on lisait la date
du 26 janvier 1828.

Frédéric a soutenu que cet or provenait des envois
que son père lui avait faits et de ses bénéfices au jeu.
Mais il a été établi que s'il avait joué, il avait constamment perdu, et qu'il n'avait pu recevoir de sa famille
des sommes aussi considérables, surtout en cette monnaie.

Il s'est alors retranché à dire que quelques jours après
l'assassinat de sa mère, il avait trouvé dans une armoire
de la maison une somme de 3,800 f. en or, qui y avait
été cachée par la dame Benoit, et dont il s'était approprié
1,500 fr. à l'insu de son père. Mais l'aveu de cette prétendue soustraction n'était évidemment qu'un moyen

suggéré à l'accusé par le besoin de détourner les soupçons, bien autrement graves, que la possession de cet or
réfléchissait contre lui.

Tandis qu'on recueillait de toutes parts des éléments
de conviction à la charge de Frédéric, Louise Feucher
était décédée à Paris, peu de jours après l'arrestation de
son cousin. Cette fille s'était livrée à la prostitution.
Bientôt, enfermée comme fille publique à la prison des
Madelonnettes, elle y mourut le 30 juillet 1831. Avant
d'y entrer elle avait donné plusieurs fois des signes
d'une profonde tristesse et d'un remords cuisant dont on
n'avait pu pénétrer la cause. Son chagrin parut augmen-
ter pendant la maladie à laquelle elle succomba. Sen-
tant sa fin prochaine et laissant échapper le secret d'une
conscience bourrelée, elle avoua à quelques-unes des
femmes qui la soignaient, *qu'elle avait, de concert avec
son cousin, assassiné sa tante pour 6,000 francs.*

A peine âgé de dix-neuf ans, Benoit, après avoir tué
sa mère, avait paru comme témoin devant la cour
d'assises, lors du procès intenté à Labauve ; il accusa de
sang-froid un homme innocent du crime qu'il avait commis. Deux ans plus tard, il avait assassiné son ami, le
compagnon de ses débauches, le confident de son premier crime.

Il se montra devant la cour d'assises de la Seine, calme,
impassible, pendant les débats, comme il l'avait été devant le cadavre de sa mère et devant celui de son ami ;
il écouta et discuta froidement les témoignages, et mal-

gré les charges terribles accumulées sur sa tête, son intrépide assurance faisait presque douter de son crime. Cependant cette assurance finit par chanceler.

Déjà, depuis quelques instants, Benoit semblait agité, et quand l'avocat des parties civiles vint à dépeindre la scène du parricide, quand sa voix éloquente retraça si énergiquement la lutte d'une mère se débattant sanglante sous la main de son fils, et lui jetant sa malédiction.., alors Benoit se renversa convulsivement ; pour la première fois il pleura ; des sons inarticulés sortirent de sa bouche... *Ma mère !* s'écria-t-il... *moi, moi... c'est moi !..* Etait-ce un aveu que le remords laissait échapper, et n'était-ce que par un retour violent sur lui-même qu'après une pause, et comme réveillé soudain par la voix de ceux qui l'entouraient, il s'écria : *Ah ! c'est moi... qu'on accuse !*

Telle fut du moins l'impression que cette scène produisit sur l'auditoire.

Bientôt cependant il reprit son attitude impassible, et quand il entendit l'arrêt : *Ma mère*, s'écria-t-il ; *Joseph, mon ami, descendez du ciel pour me justifier !*

Ainsi Castaing, après son arrêt, s'écriait : *Auguste, Hippolyte, du haut du ciel, défendez-moi !*

Frédéric Benoit, depuis sa condamnation, était calme et tranquille : il semblait même affecter une gaieté qui étonnait tous les habitants de Bicètre. Il ne comptait pas sur son pourvoi en cassation, disait-il, mais il était impossible que son recours en grâce ne fût point admis.

Chaque jour il s'attendait à être amené à Paris pour assister à l'entérinement de ses lettres de commutation ; il parlait de son espérance, de sa certitude, et au moment où il allait apprendre qu'il n'avait plus que quelques heures à vivre, il riait, il chantait.

A cette nouvelle si terrible et si inattendue, Benoît est tombé tout-à-coup dans un violent désespoir, et il n'a plus fait entendre que des sanglots et des gémissements, qui ont redoublé au moment où il a été extrait de son cachot et amené dans une des salles du greffe de Bicêtre pour les apprêts du supplice, agonie affreuse, que, par une amère dérision, ou appelle *la toilette* du condamné.

Pendant ces longs préparatifs, Benoit n'a fait que sanglotter. Au moment seulement où un des aides lui coupait les cheveux : *Défaites le bouton de ma chemise,* s'est-il écrié vivement. Ce sont les seuls mots qu'il ait prononcés. Bientôt les forces lui ont manqué, et (chose inconcevable !) il n'a plus paru accessible qu'à une seule sensation : c'était celle du froid qu'il ressentait aux pieds. (Aux termes de l'arrêt de condamnation, ses pieds avaient été déchaussés et mis à nu.)

A sept heures, Benoit, soutenu par les exécuteurs, est sorti du guichet et a été porté dans la voiture. En ce moment, ses cris ont redoublé, et se raidissant contre les efforts des aides, il s'est écrié plusieurs fois : *Ah ! mon Dieu ! c'est M. Persil qui en est la cause.*

Le trajet a été rapidement franchi. Arrivé au pied de l'échafaud, qu'entouraient à peine 200 curieux :

Ma mère, a-t-il dit, Ah ! je suis innocent... Mon Dieu, ayez pitié de moi !

Pendant que l'on faisait lecture de l'arrêt de condamnation, Benoit était sur l'échafaud, soutenu par les exécuteurs. C'était quelque chose d'horrible à voir que ce spectacle. Enveloppé d'un large linceul blanc, la face couverte d'un crêpe noir, le parricide échappait aux regards de la foule silencieuse, et sous ces vêtements mystérieux et lugubres, la vie ne se manifestait plus que par d'affreux hurlements qui bientôt ont expiré sous le couteau.

Ainsi s'est terminé ce drame sanglant ; ainsi est mort un jeune homme qui entrait à peine dans sa vingt-deuxième année, et à qui son rang et son éducation devaient marquer une place honorable et brillante.

Et pour ce crime que Benoit a expié, un innocent, Labauve, a été poursuivi, jugé... Une voix, de plus il était condamné ; l'échafaud était dressé pour lui, et peut-être cette erreur de la justice humaine eût assuré l'impunité au parricide !

VOL DES MÉDAILLES

DE LA BIBLIOTHÈQUE ROYALE.

Dans la nuit du 5 au 6 novembre 1831, il fut enlevé du cabinet des médailles et antiques de la Bibliothèque du Roi, des vases et médailles d'une valeur intrinsèque de 230,000 fr., mais d'une valeur scientifique bien supérieure. L'instruction n'a pu faire connaître si les voleurs s'étaient introduits à l'aide d'escalade, ou bien s'ils étaient parvenus à se cacher le jour qui a précédé le vol de la Bibliothèque. Toutefois il a été constaté que c'était à l'aide d'effraction que le vol avait été exécuté. Une corde attachée à la croisée du cabinet du conservateur qui donne sur la rue Richelieu, paraissait avoir facilité aux voleurs les moyens de descendre et d'emporter les produits de leur crime.

Le 7 novembre, des agents de police arrêtèrent, sur la voie publique, Fossard, condamné aux travaux forcés à perpétuité et évadé du bagne de Brest, et Drouillet, forçat gracié. On trouva sur Fossard une somme de 8,000 fr. en billets de Banque, quelques centaines de francs en or et un poignard. On est parvenu à connaître l'origine de ces objets. Ces deux forçats ne voulurent faire connaître, ni leur domicile, ni l'emploi de leur temps; et malgré les graves soupçons qui s'élevaient contre eux d'être les auteurs du vol des médailles, les preuves paraissant insuffisantes, il intervint une ordonnance qui déclara n'y avoir lieu à suivre contre eux. Drouillet, remis en liberté, obtint l'autorisation de rester à Paris, et fut loger chez le nommé Drouhin, son ami, qu'il avait connu à la Force, où il était arrêté sous une prévention de vol domestique. Fossard fut déposé à Bicêtre pour attendre la chaîne et être reconduit au bagne de Brest.

Fossard, Drouillet et les époux Drouhin firent la connaissance de la vicomtesse de Nays ; cette inculpée était connue dans les prisons par des démarches intéressées en faveur de condamnés pour lesquels elle fait métier de solliciter des grâces et des commutations de peine. Elle fut mise en relation avec Fossard par un nommé Gaucher, condamné à la peine de mort, et dont elle avait obtenu la commutation de peine. Dès-lors, la vicomtesse de Nays se livra à toutes les intrigues pour obtenir la commutation de peine de Fossard, et la restitution des huit mille francs saisis sur lui, et qui étaient restés en dépôt dans une caisse publique ; elle motiva l'intérêt qu'elle portait à Fossard, sur ce qu'il était le frère de son horloger ; mais le motif véritable paraît avoir été la promesse qui lui avait été faite d'une partie des huit mille francs si elle réussissait. A l'entendre, ses démarches étaient désintéressées ; mais, d'après ce qu'a déclaré Drouillet, elle avait souvent reçu de lui de l'argent, et lorsque Fossard prit la chaîne pour retourner à Brest, la vicomtesse de Nays partit pour cette ville avec la femme Drouhin qui lui servit de femme de chambre, et reçut de Drouillet, pour faire ce voyage, une somme de quinze cents francs. On verra plus tard comment Drouillet se procurait cet argent.

Rien n'indique que la vicomtesse de Nays ait été complice du vol des médailles. Ses relations avec les inculpés n'ont commencé qu'après la consommation du crime, et rien ne prouve qu'elle ait su que Fossard le forçat et Drouillet en étaient les auteurs. L'acceptation de plusieurs sommes d'argent de sa part, notamment de 1,500 francs qu'elle a reçus de Drouillet, s'explique par son ignoble métier de vendeuse de protection.

Les relations de tous ces individus ayant paru suspectes, des perquisitions furent faites les 26 juillet et jours suivants aux domiciles de Drouillet et de la dame de Nays. On trouva chez Drouhin quelques matières d'or et trois caisses portant l'adresse de Fossard, horloger à Paris, au dos desquelles étaient des calculs, qui plus tard furent expliqués; on trouva chez Drouillet dix-sept lingots d'or et des instruments propres à la fonte des métaux, et chez la dame de Nays une correspondance qui établit ses relations avec Fossard, Drouillet et Drouhin. Ce Fossard, horloger, est le frère de Fossard le forçat; il a un fils bijoutier. Des perquisitions furent faites chez eux; elles amenèrent des découvertes importantes, et les aveux de Fossard père firent connaître que les soupçons élevés sur Fossard le forçat et Drouillet étaient véritables.

Il déclara que, dans la soirée du 6 novembre, ils avaient apporté chez lui en deux voyages les vases et médailles volés à la Bibliothèque du Roi, et qu'ils s'étaient vantés d'être les auteurs du vol; il ajouta que son frère et Drouillet ayant été arrêtés le lendemain, il avait voulu se débarrasser du dépôt qu'il avait reçu d'eux, et qu'à cet effet il était allé, de concert avec son fils, jeter dans la Seine, sous le pont de la Tournelle, une partie des vases et médailles ; mais qu'ayant été rencontrés par des patrouilles, ils n'avaient pas osé continuer et qu'ils avaient fondu ce qui restait chez lui. Il représenta ensuite soixante lingots qu'il avait enfouis dans sa cave, provenant de cette fonte. Les recherches faites aux lieux désignés par Fossard y firent retrouver une grande partie des vases et médailles qui y avaient été jetés. Fossard a encore ajouté que c'était lui qui avait remis à Drouillet les dix-sept lingots trouvés à son domicile, et qu'il lui avait constamment fourni de l'argent, soit pour lui, soit pour son frère le forçat, en vendant des lingots jusqu'à due concurrence. On saisit chez Fossard fils différents registres et papiers, et il résulte d'un compte ouvert sur un de ces registres, intitulé compte D., que Drouillet a reçu ainsi une somme de quatre mille sept cent dix francs ; mais il résulte aussi, tant de de ce registre que d'un carnet et autres papiers écrits de la main de Fossard fils, qu'après la fonte des médailles et vases, un projet de partage fut fait entre les trois Fossard et Drouillet par quart de la totalité de l'or resté en la possession de Fossard, horloger ; que les dix-sept lingots trouvés en la possession de Drouillet étaient le quart, qui formait sa part, et que les chiffres écrits au dos des adresses trouvées au domicile de Drouhin, et remises par Fossard à Drouillet, étaient l'indication de la quantité d'or qui avait été partagée, et de la part à laquelle Drouillet avait droit.

Fossard le forçat et Drouillet ont opposé des dénégations constantes aux charges accablantes qui s'élèvent contre eux.

Fossard, l'horloger, et son fils, ont cherché à expliquer leur conduite par les craintes qu'ils avaient, en faisant connaître les auteurs du vol, de livrer à la justice leur frère et oncle.

Quant à Drouhin, il a prétexté d'une ignorance entière ; il a prétendu que les morceaux d'or trouvés chez lui y avaient été apportés par Drouillet, qui lui avait dit que c'était du cuivre, ainsi que le lingot dont il était possesseur : mais ses relations antérieures avec Drouillet, l'asile qu'il lui a offert à sa sortie de prison, son intimité, la découverte des adresses de Fossard et d'une partie de l'or provenant du vol, rendent ses explications invraisemblables, et font suffisamment connaitre qu'il ne pouvait ignorer l'origine de cet or.

En conséquence, Jean Pierre-Etienne Fossard et Joseph Drouillet, déjà condamnés tous deux à une peine afflictive et infamante, accusés d'avoir soustrait frauduleusement, conjointement, la nuit, à l'aide d'effraction, dans le cabinet des médailles de la Bibliothèque du Roi, des médailles d'or et d'argent, et autres objets précieux appartenant à l'état ; Pierre-Antoine-Jacques-Fossard, Claude-Hippolyte Fossard, et Charles-Marie Drouhin, d'avoir sciemment recelé tout ou partie des objets enlevés à l'aide de ladite soustraction frauduleuse ; comparurent devant la cour d'assises de la Seine le 14 Janvier 1832. Fossard (Etienne) âgé de 52 ans, déclare être ébéniste ; il a passé la moitié de son existence dans les bagnes. Son regard est vif et pénétrant, sa physionomie est extrêmement remarquable : son nez est aquilin, ses yeux petits, vifs et mobiles, ses lèvres minces et pâles : il sourit avec dédain pendant tous les débats, et paraît professer le plus profond mépris pour tout ce qui l'entoure. La configuration de sa tête eût été choisie par le célèbre docteur Gall, comme le type de l'instinct d'appropriation ; son front est pointu et dégarni de cheveux, ses tempes déprimées et les deux côtés postérieurs de sa tête fort larges, en sorte que la forme de sa tête rappelle celle du renard, et donne à sa physionomie une expression d'astuce et de ruse vraiment remarquable, il paraît doué d'une grande intelligence. On dit qu'il jouit dans les prisons de la *considération la plus distinguée* parmi les voleurs.

Fossard, son frère, bijoutier, est âgé de 62 ans ; ses cheveux sont rares et blancs ; il s'exprime avec beaucoup de volubilité et de diffusion. Quant à Fossard son fils, âgé de 30 ans ; il est horloger ; sa physionomie est douce ; il s'exprime avec convenance et facilité. Drouillet est âgé de 38 ans ; il est graveur. Drouhin a 36 ans ; il est serrurier.

M. le président lit les interrogatoires précédemment subis par l'accusé Fossard (père).

L'accusé, vivement : Une multitude de choses sont des horreurs dans ces interrogatoires... Je suis un des hommes les plus respectables de la société ; j'ai versé mon sang pour le pays, et je n'ai agi, dans cette affaire, que dans l'intérêt du pays.

Étienne Fossard est introduit avec Drouillet ; M. le président leur fait connaître tout ce qui s'est passé en leur absence. Fossard écoute tranquillement, puis il dit : « J'écarte tous les détails ; ça ne signifie rien : j'ai porté les médailles chez mon frère avec un ami plus heureux que moi puisqu'il s'est échappé. Elles venaient de la Bibliothèque : il n'a pas dépendu de mon frère de les refuser, je ne l'avais pas vu depuis plusieurs mois ; c'est bien indépendamment de sa volonté qu'il a reçu ces médailles.

M. le président : Comment avez-vous commis ce vol ? — R. Je ne dirai rien. — D. Vous aviez un complice ? — R. Oui, il est en Angleterre. Quant à mon frère, il a eu un tort ; les médailles ne lui appartenaient pas, il ne devait pas en disposer : c'est une faute, il devait attendre mon retour. S'il avait su les offres qu'on m'a faites à la police, il aurait renié tout, et ni lui ni son fils ne seraient compromis (1).

Quand mon frère parle de quart ou de partage, il se trompe ; il n'y en a pas eu, il ne pouvait y en avoir, car j'avais mis en dépôt ces médailles chez mon frère : elles étaient à moi ; s'il en eût pris une part quelconque, c'eût été une friponnerie. Au reste : on a eu tort de m'arrê-

(1) Il paraît qu'à plusieurs reprises on a offert à Étienne Fossard sa grâce, 150,000 fr., un passeport pour l'étranger, la grâce de ses complices, s'il voulait dire où étaient les médailles.

ter ; car si on eût bien agi avec moi , tout eût été rendu au gouvernement et parfaitement intact.

Drouillet, également interrogé , nie le vol des médailles ; il convient avoir reçu de Fossard père des lingots et de l'argent ; mais il ignorait d'où cela provenait, et il devait remettre le tout à Mme la comtesse de Nays, afin d'obtenir la commutation de Fossard. « J'ai vu, dit-il, Mme de Nays, qui m'a affirmé qu'une commutation à douze ans était obtenue : son intention était de me faire aussi obtenir une place au ministère de la guerre.

M. le président : Fossard fils , rendez-nous compte de ce que vous savez depuis le vol ?

Fossard fils déclare qu'il a aidé son père à jeter les médailles à l'eau; son père et son oncle étaient compromis : il n'y avait pas à hésiter pour lui , il fallait à tout prix débarrasser son père des objets provenant du vol. Il n'était pas chez lui quand on y a porté les médailles ; ce n'est que le surlendemain du vol qu'en allant visiter son père il a vu les médailles.

M. le président fait représenter à Fossard fils les notes par lui tenues ; l'une d'elles est la division en quatre parties du poids des médailles ; l'autre est le compte de ce qui a été payé à Drouillet. Fossard déclare que sur la demande de son père il a pris ces notes; mais qu'il n'a agi que pour aider son père qui ne pouvait écrire, et qu'il n'y avait aucune part destinée pour lui. Mon père, dit l'accusé, avait offert à Drouillet de tout reprendre pour s'en débarrasser. Drouillet refusa ; il n'en voulut qu'une partie d'abord indéterminée, puis enfin qui fut fixée à un quart. Mon père me le dit ; il me donna un chiffre, poids total des soixante et quelques lingots, et me dit de lui en chercher quel était le quart. Je rentrai chez moi ; le lendemain je dis à mon père, le quart est de... mais il n'y avait en moi aucune idée de partage.

M. le président, à Etienne Fossard : D'où vous provenaient les 8,200 fr. saisis sur vous lors de votre arrestation ? — R. Ils m'appartenaient. — D. Quelle en était l'origine ? R. Je suis resté dix-huit ans au bagne la dernière fois, et je travaillais toujours, indépendamment de cela, une dame, que j'avais connue, m'envoyait de l'argent, et beaucoup d'argent.

M. le président : Drouhin, on a trouvé chez vous des morceaux d'or ? — R. Oui, ça vient de Drouillet ; la veille il m'en avait remis sept morceaux, qu'il m'avait prié d'aplatir ; je les aplatis dans la cour, croyant que c'était du cuivre.

Drouillet : c'était pour faire deux cachets aux armes de Mme de Nays et de son mari. Je voulais faire une agréable surprise à Mme la comtesse à son retour de Brest ; j'avais choisi de l'or comme étant plus digne d'elle.

On entend plusieurs témoins cités à la requête de Fossard fils, et qui donnent sur la conduite de Fossard fils les renseignements les plus satisfaisants.

Mme de Nays est interrogée ; elle est mise avec élégance, s'exprime avec facilité, sa voix est douce, ses traits sont assez réguliers.

Mme *de Nays* : Quant au vol, je n'ai eu aucune espèce de rapport à cet égard. A la fin d'avril, j'ai reçu de Bicêtre une lettre d'un homme duquel j'ai sauvé la tête, qui me priait de demander la commutation de la peine de Fossard ; c'était, disait-on, un homme, qui, pour une faute commise à 21 ans, avait subi une peine de 23 ans ; je pensai que cette faute était suffisamment expiée. J'allai au ministère de la justice, et j'appris qu'une commutation de peine allait lui être accordée.

D. Comment connaissiez-vous le frère de Fossard ? — R. Par Gaucher dont j'ai sauvé la vie. — D. Avez-vous connu Drouillet ? — R. Oui. — D. Vous avez fait un voyage à Brest ? — R. Oui, monsieur, lorsque je fus certaine que Fossard ne serait pas commué, cela me fit de la peine.—D. Vous remit-on de l'argent ? — R. Oui, monsieur, 1500 fr. : c'est la femme Drouhin qui me les a remis. Ils étaient empruntés sur les 8000 fr. que possédait Fossard.

L'avocat-général soutient l'accusation avec énergie contre tous les accusés.

Me Boniface-Delcro, avocat de Fossard (Etienne), explique comment l'opinion qu'un certain nombre d'individus avaient dû participer au vol d'objets ne pesant pas moins de cent-soixante-dix livres, aurait été détruite par un rapport de l'inspecteur des bibliothèques, établissant qu'un seul homme, caché dans ses salles, et secondé par un complice en surveillance dans la rue, avait pu suffire à l'exécution de ce vol. Il en conclut que les aveux d'Etienne Fossard doivent être vrais ; sorti avec succès des investigations minutieuses de l'administration et de la justice, c'est par la fonte des médailles, opérée par son frère, et c'est par les aveux de celui-ci qu'il a été livré sans défense.

Le défenseur explique cette déclaration d'Etienne Fossard : « *Si je n'avais pas été arrêté, les médailles auraient été rendues intactes au gouvernement.* » « Etienne Fossard, dit-il, a été condamné deux fois pour vol ; la première, en 1808, à douze ans de fers, injustement s'il faut l'en croire, et sur la dénonciation d'un complice, vendu à la police ; la seconde, en 1811, aux travaux forcés à perpétuité ; *attendu la récidive.* Le 8 février 1831, après avoir perdu l'espoir d'obtenir une commutation que les chefs du bagne lui promettaient de solliciter pour lui, et après le refus positif de sa famille d'appuyer ces recommandations de leurs prières auprès de l'autorité, il s'évada de nouveau du Bagne de Brest et chercha à sortir de France, au moyen d'un passeport qu'il était venu prendre à Paris. Mais au moment de s'embarquer pour Alger, il reconnut à Marseille un ancien forçat attaché à la police, et s'enfuit à Lyon, où il séjourna quelques mois. C'est là qu'il conçut le projet du vol des médailles, afin de forcer, dit-il, le gouvernement à lui accorder sa grâce, en les lui restituant plus tard sous cette condition. Mais il fut arrêté le surlendemain du vol, et mis au secret pendant 27 jours. Son frère, chez qui il avait porté tous les objets du vol, n'eut avec lui aucune communication ; en sorte que Etienne Fossard, qui craignait d'une part de compromettre ce frère en déclarant que les médailles étaient chez lui, et, de l'autre, qu'elles eussent été portées dans un autre lieu qu'il ne pouvait connaître, fut dans l'impossibilité de profiter des offres que lui fit la police de sa liberté et d'une somme d'argent, s'il la mettait sur la trace des objets volés. »

M⁰ Boniface Delcro raconte encore quelques traits de la vie d'Etienne Fossard, qui annoncent dans cet accusé une grande énergie liée à une véritable sensibilité : « Voilà l'homme, dit-il en terminant. Votre connaissance du cœur humain vous dira plus haut et plus puissamment que je ne pourrais le faire : *Cet homme n'est point un scélerat.* Puisse donc l'autorité avoir quelque pitié du reste d'une vie si malheureusement gaspillée. Puisse-t-elle lui épargner des rigueurs inutiles, et surtout l'effroyable supplice de la double chaîne, infligé par les réglements du Bagne au forçat *coupable* d'évasion, et qui, dans l'état de santé où l'ont réduit tant et de si rudes secousses, serait la peine de mort sous un autre nom. »

Pendant la plus grande partie de cette plaidoirie, Etienne Fossard parait vivement ému, et verse, à plusieurs reprises, des larmes abondantes.

On entend les avocats de Fossard père, Fossard fils, Drouillet et Drouhin.

Après une heure de délibération, les jurés rentrent

en séance. Fossard fils et Drouhin, déclarés non coupables, sont acquittés.

Etienne Fossard, Fossard père et Drouillet, sont déclarés coupables du vol, avec toutes les circonstances atténuantes pour Fossard père.

Etienne Fossard s'agite, ses yeux sont fixés sur le chef du jury, sa physionomie est contractée, menaçante ; puis il regarde son frère, et quelques larmes roulent dans ses yeux ; enfin, s'adressant aux jurés avec indignation : *Vaut mieux la mort que les galères !* s'écriet-il.

La Cour se retire pour délibérer.

Fossard, aux jurés : Vous ne savez pas ce que c'est que les galères je le vois bien... je me moque de la peine de mort, mais condamner mon frère... c'est une infamie, oui c'est une infamie... un homme de soixantedeux ans.... si j'avais f..... le feu à la Bibliothèque... j'aurais tout enseveli, tout serait fini...

On essaie de calmer l'irritation de Fossard.

Fossard, avec mépris : Je ne crains ni vous ni la loi

Quelques membres du barreau veulent encore lui imposer silence.

Fossard, avec autorité : Personne ne peut me faire taire, on ne tient compte que des mauvaises actions. Le vol a été commis avec toutes les précautions imaginables, je pouvais tout brûler, j'avais toutes les clés, les employés pouvaient être compromis, j'ai préferé briser des casiers ; mais je ne l'ai pas fait et j'avais le cœur ulcéré

Les Français sont des barbares!... des tigres! comme Napoléon a été un homme de sang. Vous connaissez son infâme décret de Berlin. J'ai été condamné aux travaux forcés à perpétuité sans preuves, sans conviction... je n'avais fait de mal à personne; oui, les Français sont des tigres.... mon frère, mon pauvre frère !

Fossard, prenant sa casquette avec fureur, l'agite. M. l'avocat-général, veut l'interrompre; mais c'est en vain Fossard regarde les jurés, et leur dit avec un accent de colère : « Vous êtes des monstres ! croyez-vous que j'aie commis ce vol tout seul ? Non, on m'a aidé ; mais je ne veux dénoncer personne ; c'est un secret, il mourra avec moi.

Une vive agitation succède à ces paroles.

La cour rentre, et condamne Étienne Fossard aux travaux forcés à perpétuité. Drouillet à 20 ans de la même peine, et Fossard père à 10 ans de réclusion.

Étienne Fossard, en entendant prononcer l'arrêt qui condamne son frère, s'écrie en jurant : *Voilà donc la justice !*

Fossard père : Ce n'est pas me condamner.... Je vais mourir.... Pourquoi ne pas me fusiller ?

HONORINE PELLOIS.

Effrayante monomanie pour le meurtre.

COUR D'ASSISES D'ALENÇON. — 1834.

Honorine Pellois a eu l'atrocité de noyer dans un puits deux petites filles de ses voisins, l'une âgée de deux ans six jours, l'autre âgée de deux ans et demi, et de tenter d'en noyer dans une fontaine une troisième de onze ans. C'est dans l'intervalle de quatre jours qu'elle a commis tous ces forfaits ; le motif qu'elle en donna est inoui ; et, chose incroyable, cet être cruel et destructeur était lui-même un enfant de dix ans et demi ! Jamais pareille accusation ne s'était vue enregistrer dans les fastes judiciaires ; c'est une anomalie dans la marche du crime, que cette scélératesse qui devance ainsi l'âge des passions, et il y a là quelque chose de prodigieusement monstrueux qui doit bouleverser toutes les idées du moraliste. La phrénologie ne manquera pas d'emprunter à cette précoce perversité un nouvel argument en faveur de ses doctrines ; et, à vrai dire, quand on a observé l'attitude d'Honorine Pellois devant ses juges ; quand on a vu son œil sec et son sourire au milieu des plus déchirantes émotions des débats ; quand surtout, on l'a entendue, avec une horrible naïveté, raconter tout candidement ses crimes, il est difficile de ne pas croire que, malheureusement, il se rencontre dans l'espèce humaine de ces êtres indéfinissables, qui semblent par instinct se complaire au mal, et qui sont comme prédestinés à devenir l'effroi des autres hommes.

Honorine Pellois est née à Saint-Cyr-la-Rosière, de parents pauvres et mal famés, qui l'élevaient sans soin. On reprochait au père de la traiter avec trop de rigueur, et à la mère de tolérer ses mauvaises habitudes. Dès sa plus extrême enfance, Honorine annonçait des dispositions à la cruauté; elle ne cessait de frapper et de tourmenter les autres enfants. Son plaisir était de leur jeter de la poussière dans les yeux et de les frotter avec des orties. Sa méchanceté se tournait aussi contre les animaux, et plus d'une fois on la surprit faisant étrangler par un chien tantôt un mouton, tantôt des volailles qu'elle rencontrait dans les champs.

Puis quand elle se trouvait prise sur le fait, et qu'on lui reprochait sa conduite, elle écoutait en silence; mais *ses yeux*, suivant l'expression d'un témoin, *devenaient flamboyants, et elle se mettait à grincer des dents comme un singe*. Du reste, loin d'avoir l'esprit borné, elle annonçait beaucoup d'intelligence.

Il y avait environ six mois que les époux Pellois avaient quitté Saint-Cyr et qu'ils étaient venus se fixer dans la ville de Bellême (Orne), où ils faisaient des sabots, lorsque le 16 juin 1834, vers onze heures du matin, la petite Amélie Alexandre, âgée de deux ans dix jours, fille d'un sabotier de Bellême, fut aperçue noyée dans un puits, qui se trouvait dans la rue non loin de la maison qu'habitaient son père et sa mère. On pensa qu'elle s'y était laissée tomber. Deux jours après, le 18 juin la jeune Virginie Hersant, âgée de deux ans et demi, fut trouvée également noyée dans ce puits qui n'était éloigné de l'habitation de ses parents que de trente et quelques mètres. On cherchait encore à se persuader qu'un simple accident avait occasionné ce nouveau malheur; mais une vérification plus attentive de la hauteur des bords du puits, l'âge des deux petites filles, la faible complexion de l'une d'elles donnèrent bientôt la certitude qu'elles n'avaient pu tomber d'elles-mêmes dans le puits, et qu'il fallait qu'une main criminelle les y eût précipitées.

Plusieurs circonstances vinrent signaler Honorine Pellois comme l'auteur de ce double attentat.

On se rappela, en effet, que le 18, jour de la mort de Virginie Hersant, cette enfant jouait, dans la maison avec son frère; qu'Honorine entra, la prit par la main en disant qu'elle allait lui donner des guignes et qu'elle l'emmena du côté du puits. On apprit, en outre, que peu d'instants après, la femme Bothereau avait vu, en passant, Honorine près du puits, tenant d'une main sa petite sœur et de l'autre Virginie Hersant; qu'effrayée au souvenir de la mort d'Amélie Alexandre, cette femme lui avait dit de retirer les enfants; mais qu'Honorine lui avait répondu avec beaucoup d'emportement : *Passez votre chemin, cela ne vous regarde pas...* et que c'était une demi-heure après que le cadavre de Virginie Hersant avait été découvert dans le puits.

Tous ces raprochements donnèrent de violents soupçons aux voisins contre Honorine. Pour obtenir d'elle
un aveu, deux jeunes filles feignirent d'avoir tout vu, et
elles l'engagèrent à dire la vérité. Honorine leur déclara
qu'elle avait posé Virginie Hersant sur la pierre du puits
pour la prendre sur son dos, mais qu'en se retournant,
l'enfant lui avait échappé, et qu'il était ainsi tombé dans
le puits ; ensuite elle leur demanda s'il n'y avait pas de
risque pour elle, ajoutant : *surtout ne me vendez pas.*

Honorine Pellois fut arrêtée. Après s'être longtemps
et adroitement défendue dans ses interrogatoires, elle
renouvela cette déclaration devant le juge d'instruction ;
enfin elle alla jusqu'à convenir qu'Amélie Alexandre lui
avait également échappé pendant qu'elle la tenait sur son
bras, et qu'elle était tombée en arrière dans le puits.

Mais bientôt dans la maison d'arrêt de Mortagne, elle
fit des aveux positifs ; elle déclara à plusieurs prisonniers
« qu'ennuyée d'entendre dire que ces petites filles étaient
« plus gentilles qu'elle, elle les avait prises par-dessous
« les bras et les jarets, et les avait précipitées dans le
« puits. »

L'instruction fit de plus connaître que le 20 juin, deux
jours après son second crime, Honorine Pellois s'était
efforcée de faire tomber la petite Gauchard, âgée de
onze ans, dans une fontaine d'environ trois pieds de
profondeur ; mais la criminalité de ce fait ne parut pas
assez démontrée pour motiver un troisième chef d'accusation.

On s'empressa d'appeler des hommes de l'art pour constater l'état moral d'Honorine. Le résultat de leurs investigations fut que cette enfant annonçait par ses réponses et par la conformation de son crâne, qu'elle était douée d'intelligence, mais avait, suivant le système du docteur Gall, les organes de la ruse et de la cruauté. Du reste, certaines parties de son corps, qui offraient quelque chose d'imparfait et d'extraordinaire, indiquaient des habitudes honteuses.

Honorine comparaissait donc devant la Cour d'assises, sous le poids de deux assassinats. La foule se pressait dans la salle d'audience, pour contempler ce petit monstre ; chacun s'imaginait découvrir dans sa figure quelque trait caractéristique de sa scéleratesse. Mais voilà qu'on est tout surpris de voir entrer sous l'escorte des gendarmes, une petite fille d'une physionomie assez douce, ayant le sourire sur les lèvres. Honorine s'asseoit sur le banc des accusés. Elle est petite, mais forte de complexion ; ses traits, sans être beaux, sont réguliers ; sa peau est couverte de taches de rousseur ; et ses yeux noirs et très mobiles brillent avec une vivacité remarquable. L'appareil de l'audience semble d'abord l'effrayer ; car elle est à peine assise que de grosses larmes ruissèlent sur ses joues ; mais ses pleurs se tarissent presque aussitôt ; on voit son sourire renaître et ses regards se portent avec une curiosité extrême sur tout ce qui l'entoure : le sabre et l'uniforme des gendarmes qui sont asssis à ses côtés, fixent particulièrement son attention.

On donne lecture de l'acte d'accusation! Cette lecture excite le frissonnement, et imprime dans l'âme la plus douloureuse sensation par le contraste des crimes qu'elle signale avec l'insouciance de l'enfant qui les a commis, et dont l'esprit ne semble préoccupé, devant ses juges, que du spectacle nouveau qui s'offre à sa vue ; car pour l'accusation, l'enfant n'y songe pas, et même elle sourit en l'entendant.

Honorine est interrogée, elle se lève et regarde fixement les gendarmes sans répondre. Le président réitère ses questions ; elle rompt alors le silence ; elle confesse avec une effroyable ingénuité, sans donner la moindre marque de repentir, que, par jalousie, elle a noyé dans le puits les petites filles.

On procède à l'audition des témoins. Rien de plus déchirant que la déclaration des malheureuses femmes Hersant et Alexandre. Il n'est pas de cœur qui ne soit brisé à l'accent de ces deux mères éplorées, dont chaque parole est entrecoupée par un sanglot. Honorine résiste seule à l'émotion générale, et l'on ne saurait redire tout l'effet dramatique de cette scène, au moment où l'on vient à remarquer dans l'expression animée et joyeuse de son regard perçant, qu'elle se complaît au milieu de cette douleur maternelle, dont elle est la cause

Bientôt le débat révèle une circonstance atroce qui caractérise toute la cruauté d'Honorine. Le croirait-on ? on venait de transporter le corps inanimé de la petite Alexandre chez ses parents ; ces infortunés fondaient en larmes auprès du cadavre de leur enfant ; tout à coup la porte s'ouvre, et que voit-on ?... Honorine, debout sur le seuil, qui grince les dents et rit aux éclats comme un démon. Honorine, l'auteur de la désolation de toute cette famille, qui vient ainsi insulter à son malheur ! Quelle scéleratesse inouïe dans un enfant ! à peine eut-on la force de chasser cette infernale créature ; et, chose non moins incroyable, le soir à l'enterrement de sa victime, on la vit suivre le convoi, demandant à porter un cierge.

Le surlendemain, lorsqu'on cherchait la petite Hersant, qu'elle venait de noyer, Honorine s'empressa d'indiquer un chemin par lequel elle disait l'avoir vue passer ; puis elle se mit à la chercher et à l'appeler comme les autres ; mais dès que le corps de cette malheureuse enfant fut trouvé dans le puits, Honorine alla se placer sur un tertre, d'où elle contemplait tout à son aise l'effroi de la foule qui entourait le cadavre.

Un dernier trait achève de peindre le caractère d'Honorine. Le président lui demande pourquoi elle s'est plusieurs fois efforcée de précipiter la petite Gauchard dans la fontaine, le jour où cette enfant cherchait à s'y désaltérer. Honorine répond sans hésiter, *qu'elle voulait la noyer.* Tout le monde frémit à cette réponse qui signale un nouveau crime que l'accusation elle-même s'était empressée d'écarter. Le défenseur d'Honorine lui dit qu'elle a mal compris ; mais Honorine reprend froidement *qu'elle comprend bien, et que son in.*

tention était de faire mourir la petite Gauchard.

C'est sous l'impression indicible de cet épouvantable débat que la parole est accordée au procureur du roi. L'émotion était profonde ; ce magistrat ne fait encore que l'accroître par son éloquent réquisitoire.

Les faits étaient constants et avoués ; il ne pouvait s'agir que de la question de discernement, et le discernement d'Honorine se trouve démontré par les précautions empressées qu'elle a d'abord prises pour déguiser ses crimes.

Pendant tout le réquisitoire, Honorine n'avait cessé de promener çà et là ses regards avec la plus extrême insouciance ; mais en terminant, M. le procureur du Roi s'écrie que désormais elle doit prendre place auprès des Papavoine et des Léger ; et comme il rappellait que Léger avait entraîné une jeune fille dans son antre, et qu'après l'avoir violée il lui avait arraché et sucé le cœur ; aussitôt Honorine écoute attentivement, ses yeux deviennent étincelants, et il est visible qu'elle se plaît à cette horrible image.

En vain son défenseur soutient qu'elle n'a pas compris toute l'étendue du mal qu'elle faisait ; ses efforts sont inutiles.

Après quelques minutes de délibération, le jury vient déclarer qu'Honorine a agi avec discernement ; en conséquence, la cour la condamne à subir vingt années d'emprisonnement dans une maison de correction, et à rester dix ans sous la surveillance de la haute police. Honorine se tait; mais à la contraction de ses lèvres, au mouvement de ses sourcils, et au clignotement de ses paupières, il est facile de voir qu'elle comprend sa peine.

ASSASSINAT DE LA FEMME IDATTE,

domestique chez Mme Dupuytren. — Vol.

En 1833, la veuve Idatte, femme de chambre de Mme Dupuytren, depuis assez longtemps, avait la confiance de sa maîtresse, qui avait l'habitude de la laisser seule chez elle lorsqu'elle sortait. Cette dame avait aussi à son service le nommé Guiraud. Mme Dupuytren étant sortie de chez elle accompagnée de son domestique, ne rentra que vers onze heures, toujours suivie de son domestique; celui-ci sonna plusieurs fois à la porte sans que personne répondit. Comme le portier affirma que la femme de chambre n'était pas sortie, on fit enfoncer la porte. Un spectacle affreux s'offrit aussitôt à la vue : la malheureuse Idatte était gisant sur le carreau de la salle à manger, et baignée dans son sang. En abaissant les vêtements de cette malheureuse, qui étaient entièrement relevés, on aperçut une large blessure qu'elle avait au col. Plusieurs meubles de la salle à manger et des autres pièces de l'appartement étaient ouverts, et un grand nombre d'objets avaient été enlevés. La nature de la blessure annonçait que la mort avait immédiatement suivi le crime : deux coups avaient été portés avec un instrument tranchant. La justice, avertie, se transporta aussitôt sur les lieux : on remarqua dans l'antichambre qui précéde la salle à manger, de longues taches de sang sur une table où travaillait habituellement la veuve Idatte, et des linges ensanglantés ; plusieurs carreaux étaient empreints de sang en divers endroits. C'était vraisemblablement dans cette pièce que la victime avait reçu le premier coup, et le second dans la salle à manger, près du poêle, car le sang avait jailli sur le tuyau d'une manière effrayante ; le panier à l'argenterie était taché de sang, et on avait pris tous les couverts qui s'y trouvaient. Le cadavre fut trouvé étendu sur le dos, on voyait quelques empreintes sanglantes sur les cuisses ; les cheveux et les vêtements étaient remplis de sang ; elle avait ses deux socques à ses pieds, son châle sur le dos, et deux chaises à côté d'elle ainsi que son chapeau ; ce qui donna à présumer qu'elle aurait été frappée peu de temps après la sortie de sa maîtresse, au moment où elle-même se disposait à sortir. Sur les 9 heures, un inconnu, d'une assez grande taille, vêtu d'une redingote gris sale, chapeau rond, avait été vu sur l'escalier, emportant un assez gros paquet recouvert d'un linge blanc : il avait l'air embarrassé. Les assassins ont porté leurs investigations dans toutes les pièces de l'appartement : dans le salon, ils ont ouvert deux petits meubles, mais n'y ont rien pris ; ils ont enlevé la pendule et n'ont point touché à une boîte fermée renfermant des crayons et des couleurs ; dans la chambre à coucher ils ont pris une paire de boucles d'oreilles dans le tiroir de la toilette, ils y ont laissé une boucle de ceinture en crisocal ; ils ont tenté d'ouvrir un petit meuble renfermant habituellement les valeurs de Mme Dupuytren, et n'ont pu y parvenir ; enfin, ils ont pris sept ca chemires, dont quatre des Indes.

Le juge d'instruction a fait constater que tous les meubles qui ont été l'objet des investigations des assassins sont empreints de nombreuses gouttes de sang qui offrent les caractères suivants d'après les médecins : Les formes arrondies de ces taches, les gouttelettes qui ont sailli à la circonférence de plusieurs d'entre elles , ne permettent pas de douter qu'elles ne proviennent, non de l'apposition d'une main ensanglantée, mais bien de l'écoulement goutte à goutte d'une plaie située à la partie antérieure de la tête. Il fut démontré à la justice que le crime avait été commis par des individus qui connaissaient très-bien les êtres de la maison : de plus, on découvrit dans le cabinet de toilette, sous des linges ensanglantés, deux clefs de l'appartement qui avaient été confiées au nommé Augustin Gillard pendant les cinq semaines qu'il était resté au service de Mme Dupuytren, et qui en était sorti il y avait un mois au plus. En partant il avait dit qu'il ne pouvait pas rendre ces clefs, parce qu'il les avait perdues. Un mandat d'amener fut à l'instant décerné contre lui, et reçut aussitôt son exécution. Le jour du crime, Gillard est venu vers cinq heures et de-

mie chez Mme Dupuytren, sous le prétexte de faire visite à la veuve Idatte, est entré, contre son habitude,
dans la loge des portiers, s'est placé sur le seuil de
leur loge, et y est resté cinq à six minutes, gesticulant
et parlant beaucoup, et captivant par là toute leur attention. La porte de la rue était pendant ce temps-là ouverte. Vers huit heures et demie, au moment où Mme
Dupuytren est sortie, il s'est approché d'elle de très-
près pour bien s'assurer que c'était elle. Le portier et sa
femme affirment qu'ils l'ont vu monter, et on ne l'a pas
vu ressortir. Gillard était sans ressources et fort embarrassé pour payer ses dettes ; il en était criblé au moment
du crime. On remarqua que Gillard avait des égrati-
gnures à la main ; on le conduisit près de la bibliothèque, sa main fut rapprochée du carreau cassé, et les
hommes de l'art ont reconnu que ces légères blessures
s'adaptaient parfaitement aux pointes ensanglantées de
cette glace brisée, et qu'elles avaient tout au plus quinze
à dix-huit heures d'existence.

A la vue des clefs trouvées chez la dame Dupuytren ,
il soutint d'abord avec assurance que ces clefs n'avaient
pas été perdues par lui, et qu'il ignorait comment les
assassins avaient pu se les procurer ; mais la veuve Idatte
avait dit positivement à un nommé Froissotte et à Guiraud que Gillard avait allégué avoir perdu les clefs, et
Froissotte ayant répliqué à l'inculpé qu'il en imposait,
il répondit :

« Si elles ont été perdues, elles ont été retrouvées et

remises à la veuve Idatte. » Le père de Mme Dupuytren, présent à cette scène, s'est alors écrié : « C'est donc vous, misérable, qui êtes l'assassin de la veuve Idatte ? » Gillard baissa la vue et retourna la tête. Gillard seul a pu donner aux assassins les indications sur les meubles qu'on devait fouiller, sur la nature et la valeur de différents bijoux de Mme Dupuytren, ainsi que sur son argenterie.

On a saisi chez Gillard deux couteaux de cuisine comme ayant pu servir à commettre le crime ; on y a trouvé un mouchoir qui présente plusieurs taches de sang. Interrogé d'où provenaient ces taches, il n'a pu répondre d'une manière satisfaisante. quant aux couteaux, il a dit en avoir emprunté d'un de ses camarades pour faire la cuisine. Il a constamment nié avoir pris part au crime dont il est inculpé. Il a expliqué tant bien que mal l'emploi de son temps pendant le 29 janvier, jour de l'événement, depuis 6 heures jusqu'à onze heures.

Gillard, sur le lieu même du crime, et encore dans la stupeur de son arrestation, dit qu'il voulait faciliter les recherches de la justice, et nomma de lui-même Lemoine aîné, son ami intime, et demanda s'il était arrêté. Il le fut aussitôt,

Lemoine aîné était sans place et presque sans moyen d'existence ; il travaillait seulement trois jours par semaine de son état de cuisinier, à la Chapelle-Saint-Denis, chez un sieur Noël, marchand de vin traiteur. Il est sorti de chez ce dernier le 28 janvier à dix heures du soir. Le 29, il est rentré chez lui sur les neuf heures et demie du soir ; il a pris sa clef et allumé sa chandelle chez le portier. Ce dernier écrivait ; il ne lui a vu que la main, et il a remarqué qu'elle était ensanglantée comme celle d'un boucher travaillant dans la viande. Le lendemain, à neuf heures du matin, Lemoine descendit chez le portier pour lui montrer un petit miroir qui venait, dit-il, de se casser, ce qui était cause qu'il s'était coupé le nez en voulant se raser.

Lorsque Lemoine est rentré le 30 janvier à 8 heures du soir, il a pénétré dans la cuisine où les agents de police l'attendaient, ils l'ont arrêté, lui ont lié les bras, et cela sans qu'il prononçât un seul mot, sans faire un signe de résistance ; la sueur lui tombait du front à grosses gouttes, il était comme anéanti.

Lemoine a été vu sortant à 8 heures du matin, le 30 janvier, avec un paquet sous le bras, de forme aplatie, gros comme un chapeau, enveloppé d'un mouchoir de couleur ; il rentra peu de temps après ; sur le midi il ressortit encore, mais il s'arrêta un instant dans la cour de l'hôtel pour satisfaire un besoin ; la femme Bonnet, logée au premier étage et dont la fenêtre donne sur la cour, lui vit dans ce moment sous le bras un petit coffret en acajou de forme carrée, recouvert de plaques en acier fin. Cette femme en a donné la description la plus parfaite au juge d'instruction avant qu'il lui eût été représenté, et depuis elle l'a reconnu sans hésiter, et a déclaré que c'était bien celui qu'elle avait vu sous le bras de Lemoine aîné ; ce coffret a été retrouvé avec un autre à peu près semblable et une serviette ensanglantée, à trois minutes de chemin de la demeure de Lemoine, ils avaient été enfouis sous de la paille et dans un lieu écarté ; Mme Dupuytren a reconnu ces deux coffrets, ainsi que la serviette ensanglantée, pour faire partie des objets qui lui avaient été volés.

Lemoine aîné, qui a déjà subi une condamnation à 5 ans de réclusion pour faux en écriture privée, persiste à soutenir qu'il est étranger au crime qui lui est imputé.

Les débats s'ouvrent devant la cour d'assises de la Seine, le 12 juillet 1833.

M. le président procède à l'interrogatoire de Lemoine, cuisinier, âgé de 38 ans. Sa taille est élevée, son front est développé, son teint jaunâtre et huileux ; mais aussitôt qu'il parle, sa physionomie mobile est pleine d'expression, ses yeux sont vifs, il suit avec une attention vraiment extraordinaire les débats, il pèse les questions, les expressions même dont se sert M. le président, et répond à tout avec un à-propos et une netteté qui ne sont point habituels chez les hommes de cette classe.

Quant à Gillard, il y met plus de laisser-aller ; il paraît s'étonner qu'on ose l'accuser ; le sourire est sur ses lèvres ; il a écrit un énorme cahier contenant son histoire, en prose et en vers : c'est là sa plus grande préoccupation.

Après la clôture des débats, M. l'avocat-général prononce son réquisitoire ; il examine successivement les charges qui pèsent sur Gillard et sur Lemoine. Pendant ce réquisitoire, l'attitude des deux accusés présente un contraste extraordinaire.

Gillard est pâle, sa figure exprime tour à tour la colère et l'ironie ; il se livre fréquemment à des interruptions que son avocat parvient avec peine à faire cesser.

Lemoine, au contraire, écoute avec une extrême attention ; la tête appuyée sur sa main, il regarde d'un œil fixe M. l'avocat-général ; mais aucune parole ne s'échappe de sa bouche, aucun geste ne décèle ce qui se passe en lui.

Les défenseurs présentent la défense des accusés.

Après une réplique de l'avocat-général, Gillard demande la parole, mais aussitôt son avocat l'interrompt.

La séance est suspendue pendant cinq minutes. A la reprise de l'audience Lemoine se lève et dit : « J'éprouve le besoin de témoigner à mon défenseur toute ma reconnaissance. On vous a parlé d'un arrêt qui m'avait banni de la société ; ce qu'on n'a pas banni de mon cœur, ce sont mes sentiments. Au milieu des doutes qui s'élèvent, si vous croyez devoir me condamner, faites-le ; vous pouvez m'envoyer à la mort ! La mort n'effraie que celui qui l'a méritée : en me faisant faire le dernier pas sur la terre, vous me ferez faire le premier vers le ciel. »

Après le résumé impartial de M. le président , le

jury entre à une heure dans la chambre de ses délibérations.

Il est 2 heures et demie, les jurés rentrent en
séance. Le chef du jury est changé. Toutes les questions relatives à Lemoine et à Gillard sont résolués
affirmativement, à l'exeption de celle d'homicide à
l'égard de ce dernier.

Les accusés sont introduits. Ils écoutent avec le plus
grand calme la lecture qui leur est faite de la déclaration du jury. En conséquence de cette déclaration,
Lemoine est condamné à la peine de mort, et Gillard
à dix ans de travaux forcés et à l'exposition, ainsi qu'à
la surveillance perpétuelle.

Lemoine : Vous pouvez faire dresser l'échafaud, je
pardonne ma mort !

Gillard : Je suis pur ; je pardonne à MM. les jurés ;
je mourrai bientôt. Pour moi l'honneur est tout.

Lemoine : A notre mort vous nous verrez sanglants !

RONDEST, PARRICIDE.

Quatre accusés. — Condamnation. — Circonstances
atténuantes. — Scènes de désespoir.

COUR D'ASSISES DE L'OISE (Beauvais.)

Il est des forfaits tels que la langue humaine est im-
puissante à les déplorer ; elle doit se borner à les raconter.

La veuve Rondest, âgée de soixante-dix ans, habite seule, depuis que ses enfants sont mariés, une maison sise à Domesliens, et contiguë à celle des époux Maillard, que fréquente habituellement son fils Pierre Rondest.

Le 25 février 1834, sur les huit heures du matin, une femme s'étant présentée chez la *mère Louise* (c'est le nom qu'on donne à la veuve Rondest) la voit étendue par terre, couchée sur le ventre, la tête posée entre deux chenets, et la face sur les cendres du foyer. Le corps était froid et privé de mouvement. La figure parut d'abord en partie brûlée, surtout aux lèvres et aux joues ; elle avait la tête nue et les cheveux épars ; ses cheveux avaient été légèrement atteints par le feu au-dessus du front. Elle n'était qu'à demi vêtue. Son jupon portait de larges empreintes de boue, comme si elle avait été foulée aux pieds.

La clameur publique accusa sur-le-champ le propre fils de la victime, Pierre Rondest, sa femme et les époux Maillard, qui tous en inimitié ouverte avec la mère Louise, étaient, suivant son expression, comme de mauvais génies appliqués depuis longtemps à la tourmenter. Blâme de la conduite immorale de son fils, vives réprimandes, accusations de vols et de rapines s'exerçant sur tout ce qu'elle possédait et dont les Maillard étaient les complices, plaintes de vexations continuelles dont elle était l'objet de la part de tous, tels étaient les sujets d'altercation, sans cesse renaissants, de voies de fait chaque jour plus graves.

Une scène de ce genre avait eu lieu le 12 février, peu de temps avant la mort de la veuve Rondest : la femme Maillard porta des coups de pied ou de poing à la mère Louise, adossée contre une haie ; et Rondest, au lieu de secourir sa mère, n'avait songé qu'à débarrasser la femme Maillard d'un enfant qu'elle portait dans ses bras. La femme Rondest criait à celle-ci pour l'animer : *Fort, fort, f... tue-là cette g...-là.* La femme Maillard disait, en redoublant ses coups : *Il faut que je la mûrisse; race du diable, dans huit jours tu ne seras plus dans ta maison, ni moi non plus.* Le sieur Bailly tira la veuve Rondest des mains de cette forcenée.

Au mois de mars 1833, un mendiant, le nommé Monroy, vint chez Rondest, qui, après l'avoir fait boire, lui demanda si, pour de l'argent, il tuerait bien une femme ; il ne lui cacha point qu'il s'agissait de sa mère.

La défense des quatre prévenus consista à soutenir qu'ils étaient couchés à huit heures, dans leurs maisons respectives, et qu'on ne pouvait prouver que dans la nuit du 24 au 25, ils aient mis les pieds dehors ; mais l'intimité qui régnait entre eux, la solidarité de leurs faits et gestes antérieurs, la haine de tous et surtout des deux femmes pour la victime, haine marquée par tant d'actes de violence, ne permettaient pas de penser qu'aucun des quatre soit resté étranger à cet assassinat.

Les débats ouverts, on fait l'appel des témoins ; un seul manque à l'appel, c'est le vieux Monroy, dont le témoignage est important ; les autres témoins, en confirmant tous les propos, toutes les menaces, toutes les injures, tous les mauvais traitements rapportés plus haut, déposent sous l'impression d'un sentiment de terreur et atténuent beaucoup la gravité des faits. Un seul, qui n'est pas du pays, témoin des traitements violents exercés par les femmes Rondest et Maillard sur la veuve Rondest, dit qu'à la vue de cette scène atroce, il vit que tous les voisins rentraient chez eux ; et comme il leur en témoignait son étonnement et son indignation, *que voulez-vous*, lui répondit-on, *c'est tous les jours la même chose?* Comme il terminait sa déposition, un bruit confus s'élève dans l'auditoire : « c'est Monroy, murmure la foule, c'est le mendiant à qui on a offert de l'argent pour tuer la veuve Rondest. » Et en même temps on voit sortir des rangs pressés de l'auditoire, un vieillard appuyé sur un long bâton, et portant une besace sur le dos. Cette apparition produit un effet sensible sur Rondest ; un trouble involontaire trahit son émotion. Le mendiant octogénaire s'avance au milieu de la salle, sa besace sur le dos et son long bâton à la main, en demandant à droite et à gauche : « Voyons, voyons, où est-il mon président ? où est-il ? que je lui parle. » L'huissier conduit le témoin devant la cour et le fait asseoir, car il paraît exténué de fatigue.

M. le président : M. Monroy, pourquoi venez-vous si tard ? — Le témoin : Oh ! criez plus fort que ça, mon président, j'entends un peu dur, voyez-vous , à mon âge... criez, criez, n'ayez pas peur. M. le président re-

nouvelle sa question en élevant la voix. Le témoin, qui
a été obligé, faute d'argent, de coucher dans un bois,
et a de mauvaises jambes, n'a pu arriver que fort tard
à Beauvais. Il raconte qu'étant allé demander l'aumône
chez Rondest, celui-ci le fit entrer et lui offrit quelques
verres de cidre qu'il accepta, et c'est dans la conversation qu'ils eurent ensemble qu'il lui fit la proposition
d'une somme d'argent pour tuer sa mère.

Plusieurs questions sont ensuite adressées au témoin,
qui ne les entendant pas, lie conversation avec le greffier assis près de lui. Puis reprenant sa besace et son
bâton, il se retire en souhaitant le bonjour à *son* président et à toute la compagnie.

M. le président fait alors retirer tous les accusés, à
l'exception de Rondest, et procède à leur interrogatoire
séparément. Il en résulte des contradictions assez graves sur l'emploi de leur temps, pendant la fatale soirée
du 25 février.

M. le procureur du roi fait entendre la voix de l'indignation publique qui accuse hautement Rondest, le
propre fils de la victime, la femme Rondest et les époux
Maillard, *ces quatre mauvais génies.* Il développe les
charges qui s'élèvent contre eux, discute les faits, et son
argumentation fait une profonde impression sur les jurés. La tâche de la défense était difficile, le défenseur
de Rondest s'en est cependant acquitté avec des efforts
dignes d'un meilleur succès : « Si un nuage épais, dit-il,
couvre la mort de la veuve Rondest, si l'accusation ne

vous présente que des soupçons, que des antécédents ; si elle ne peut vous donner des preuves positives, des preuves matérielles, si elle ne montre pas, pour ainsi dire, leurs mains encore sanglantes, gardez-vous bien de condamner, gardez-vous d'ouvrir une nouvelle tombe, car vous pourriez commettre un crime. »

Le jury déclare Rondest et les époux Maillard coupables, mais avec des circonstances atténuantes sur toutes les questions ; les défenseurs n'en avaient même pas parlé. La femme Rondest est acquittée.

On fait rentrer les quatre accusés. Le greffier donne lecture de la déclaration du jury ; mais à peine a-t-il prononcé le *oui* fatal, que Maillard pousse un cri affreux, et se dressant, il se précipite contre la balustrade de fer qui lui sert d'appui, il se relève, les dents brisées et la figure ensanglantée ; puis saisissant le sabre d'un des gendarmes placés à ses côtés, il s'efforçait de le lui arracher, si celui-ci n'eût opposé une énergique résistance. Une lutte horrible s'établit ; Rondest veut y prendre part ; le désordre et l'effroi règnent dans l'auditoire ; la cour se retire et la séance est suspendue. Cependant Maillard se débat toujours, son sang ruisselle ; il rugit comme une bête féroce : il se croit condamné à mort, et veut s'arracher la vie. Enfin, on parvient à se rendre maître de lui et à le garrotter contre la balustrade. Mais alors il écarte ses vêtements, et faisant d'horribles efforts, il s'enfonce les ongles dans la poitrine, et les retire tout sanglants. La cour rentre en séance, et l'impression de cette épouvantable scène est telle que M. le président peut à peine prononcer l'arrêt qui condamne Rond-st aux travaux forcés à perpétuité, et les époux Maillard à quinze ans de la même peine.

ASSASSINAT.

Barbarie et cynisme de l'accusé.

COUR D'ASSISES DE BEAUVAIS, 1834.

Nagral, d'une taille petite, mais d'une constitution robuste, est courbé moins par le poids de ses 62 ans que par un vice de conformation : la fixité de son regard, la contraction habituelle de ses lèvres, l'immobilité de sa figure assez régulière, du reste, lui donnent une expression sinistre et féroce.

Le 18 juillet 1834, des voyageurs se trouvant vers 2 heures du matin sur la route de Beauvais à Méru, virent étendu sur la route le corps d'un homme baigné dans son sang : vers 5 heures, un individu descendait la côte. Aux traces de sang qu'il portait aux mains et sur ses habits, on reconnut tout de suite l'assassin, et un des assistants lui dit : « Vous avez fait là un beau coup ! » — Oui, répondit-il, c'est moi qui l'ai tué, et si j'avais eu un fleuret ou un sabre, je l'aurais tué du premier coup. » Puis il ajouta : « Le couteau y est encore. » Conduits par cet homme, les assistants trouvèrent en effet un couteau de table à 300 mètres de là, dans un endroit qui leur parut être le lieu de la scène. L'homme mort portait un pantalon blanc, qui laissait sortir une partie de sa chemise. Il avait la tête labourée de blessures ; un gendarme en compta 21 : c'était le nommé Ségart, tailleur d'habits à Sèvres, âgé de 59 ans. L'individu, que son air farouche et ses vêtements ensanglantés avaient signalé comme l'assassin, soutint n'avoir usé que d'une légitime défense contre une *proposition infâme*, et contre une attaque de vive force qui avait suivi son refus. Il dit avoir reçu un coup de couteau dans le ventre, et n'avoir pu échapper au danger que couraient son honneur et sa vie, qu'en arrachant le couteau qui devint alors son arme défensive, et il montrait un coup qui avait percé sa chemise et l'avait atteint au ventre.

Le président interroge l'accusé sur ses antécédents et sur ses moyens d'existence, et lui dit ensuite : Pourquoi avez-vous assassiné Ségart ? — L'accusé répond : Pendant que nous étions couchés sur un lit de javelles, Ségart me dit, vers deux heures : « Vous n'ignorez pas que j'ai des sentiments pour vous. » Je lui répondis «: Je le sais ; vous m'en avez donné des preuves en payant pour moi. » Il me dit : « Ce n'est pas comme cela que je l'entends ; j'ai des sentiments pour vous.... c'est mon idée et.... ce sera. » En disant cela, il se jette sur moi, fait sauter les boutons de mon pantalon; je le repoussai, il me reprend, et pendant que je me débattais contre lui, je me sens frapper d'un coup de couteau ; je crie à l'assassin ; un second coup m'arrive dans le ventre : je suis furieux ; je saisis le couteau par la lame, je le lui arrache, et je frappe, je frappe tout au travers. Il me quitte, va chercher un caillou et me frappe avec sur la tête. Nous nous reprenons corps à corps, nous nous culbutons l'un dessus, l'autre dessous. Enfin, au bout d'une demi-heure de lutte, notre sang coulant en abondance, il me lâche, et je ne sais pas ce qui s'est passé ensuite, car je tombai d'épuisement et de fatigue, et il était six heures quand je repris connaissance et que je pus me relever.

Un murmure d'incrédulité et d'horreur dans l'auditoire succède à cette affreux récit.

On entend ensuite plusieurs témoins, entre autres la veuve de l'infortuné Ségart, qui tous s'accordent à rendre hommage à la douceur de son caractère et à la pureté de ses mœurs « Il était faible, disent-ils, et incapable de résister même à un enfant. »

Nagral, au contraire, était vif, emporté, méchant. « Dans sa colère ou la boisson, a dit sa concubine, il vous aurait tué un homme comme une mouche ! » Il résulte aussi d'une lettre écrite par le procureur du roi de Lille, que Nagral nourrissait depuis longtemps des projets de vengeance contre sa concubine qui l'avait quitté. Il l'avait même poursuivie un jour dans les rues de Lille, un couteau à la main. Il disait souvent qu'il était fatigué de vivre ; mais que n'ayant pas le courage de se détruire, il commettrait un crime pour se faire condamner. Le procureur du roi prononce son réquisitoire où il termine par ces mots : Messieurs les jurés. «Réparez l'outrage fait à la mémoire d'un honnête citoyen, rendez-lui sa réputation, rendez l'honneur à sa cendre ; c'est la seule chose qu'elle exige de vous.»

Malgré les efforts du défenseur, le succès n'était pas possible, et l'accusé a été déclaré coupable, mais sans préméditation.

La cour l'a condamné, en conséquence, aux travaux forcés à perpétuité.

Nagral entend cet arrêt sans manifester aucune émotion, et il se retire en silence.

ASSASSINAT D'UN VIEILLARD,

DE SA FEMME ET DE SA SERVANTE.

Cinq accusés.

COUR D'ASSISES D'ALBI.

Le 25 janvier 1834, à six heures et demie du matin un fournier vint heurter à la porte de la maison Coutaud à Gaillac ; elle était ouverte. L'homme entre, appelle à plusieurs reprises. Effrayé du silence qui règne partout, il sort pour avertir Victor Coutaud, et il rentre avec lui. Victor Coutaud monte l'escalier ; il heurte un cadavre, c'était celui de son frère.... Il apprend bientôt que l'on a trouvé aussi les cadavres de sa belle sœur et de la servante.

Coutaud avait reçu neuf blessures, sa femme vingt, et la servante vingt-quatre; toutes faites par trois armes de formes différentes, telles qu'un couteau de cuisine usé, ou une lame de ciseaux; un demi-espadon ou un poignard une baïonnette ou une épée. La bouche de la femme Coutaud avait été fortement pressée, afin d'étouffer ses cris, soit avec la main, soit, ce qui est plus vraisemblable, avec une poignée de linge. On conclut que trois personnes avaient directement coopéré au crime, que les meurtres avaient été successifs, et qu'une théorie nettement arrêtée avait guidé le fer des meurtriers, vers les deux heures du matin. A ce moment, une fille logée presque en face de la maison Coutaud entendit ouvrir avec quelque fracas la porte, dans la rue du Foiral ; et son chien s'étant mis à aboyer, elle se leva, ouvrit la croisée, et vit distinctement, debout, près de la fenêtre de sa cuisine, un homme de taille ordinaire ; elle ne le reconnut pas. Elle vit ce même homme sortir et entrer dans la rue du Foiral. Des calculs basés sur des données positives amènent à penser qu'une somme de 15,000 francs presque toute en or avait été soustraite, ainsi que divers objets mobiliers. L'opinion publique de Gialiac signala Dalby , dit *Carat* , dit *Laboucat*, dit *Latranche*, chiffonnier ; Ginestet, dit *le Tondu*, matelot-portefaix , et Salabert, dit *Lalebre*. On les arrêta immédiatement. Deux femmes, Anne Dalby, dite *Carrade*, couturière, sœur de Dalby, et Anne Julia, domestique, maîtresse de Ginestet, ont été depuis comprises dans les poursuites.

Une longue et patiente information n'a obtenu

qu'avec peine des témoignages presque toujours comprimés par la terreur née d'un si épouvantable forfait. Peu à peu cependant les esprits se sont calmés. Un supplément d'instruction a ajouté aux preuves déjà existantes.

Le premier des accusés, Jean-Baptiste Dalby, âgé seulement de 25 ans, a déjà subi quatre condamnations : la première à l'âge de 15 ans, pour tentative de vol à l'aide d'escalade et d'effraction ; la seconde en 1826, pour évasion avec bris de prison ; la troisième, de cinq ans d'emprisonnement et de dix ans de surveillance, pour vol ; enfin la quatrième, de dix ans de réclusion pour vol, à Albi, dans la nuit du 17 au 18 janvier, c'est-à-dire sept jours avant l'assassinat commis à Gaillac. Le 23 janvier il disait dans une veillée que sous peu de jours lui et trois ou quatre autres *devaient faire une mascarade sans violons ni flûtes dont on parlerait.* Peu d'heures après le tragique événement, l'on remarque des traces de sang au col de la chemise de Dalby et au bord de son chapeau, c'était le sang des victimes.

On compara ses souliers à plusieurs des empreintes trouvées dans le champ de Calvet, contigu au jardin de Coutaud, et l'adaptation s'en fit de la manière la plus parfaite.

L'accusé essaya vainement de repousser de tels indices par la preuve d'un alibi ; cette allégation fut démentie.

Une jeune fille, de six à sept ans, et pleine d'intelligence, enfant naturel d'Anne Dalby, femme Antoine, déclara qu'étant sortie pour un besoin devant la porte de sa maison, dans la nuit du 24 au 25 janvier, elle vit trois individus qui appelèrent son oncle Jannet. L'un des trois, Ginestet, disait : « Lève-toi, tu me verras travailler, et si tu ne veux pas travailler comme nous, nous te tuerons. » Son oncle sortit, et passant devant la maison d'Antoine, contiguë à la sienne, il s'écria : « *Annou*, *Annou*, je m'en vais. » Outre Ginestet, elle a nommé Salabert, les connaissant beaucoup l'un et l'autre ; mais elle n'a pu désigner le troisième qui se cachait derrière un pilier. Une voisine de la femme Antoine, levée depuis trois heures du matin, attendait, avec son mari et d'autres personnes, l'arrivée d'un égorgeur de cochons : à quatre heures environ, elle passa seule dans une chambre sur le derrière, pour endormir son enfant qui pleurait. Elle entend parler dans l'appartement de la femme Antoine ; elle écoute, et saisit très-distinctement ces mots adressés par Anne Dalby à son frère : « Pas plus que ça ! une maison reconnue pour être pourrie d'argent ! — Il t'y fallait aller, toi. Tu es bien dans le cas de prendre quelques centimes, » ajouta-t-il. Le témoin ne put en saisir davantage, et un moment après elle entend ouvrir la porte de derrière de la maison d'Antoine.

François-Guillaume Ginestet, dit *le Tondu*, second accusé. A l'âge de quinze ans il commit un vol au préjudice de Victor Coutaud, et telle est l'opinion qu'on a

de lui, même dans sa famille, que deux jours après l'assassinat, son frère disait : « Il est bien assez en état de
l'avoir fait. » Salabert et lui, trois mois auparavant,
étaient ensemble dans le cabaret d'Espaillac. « Quel est
celui, dit Salabert à son ami, que tu crois le plus riché
au Foiral ? — Pardieu, répondit Ginestet, il y en a beaucoup : M. Vialas, M. Lacombe. — Ce n'est pas ça, répliqua Salabert, tu n'y es pas ; c'est un homme, un ar-
tisan qui n'a pas d'enfants, avares lui et sa femme, qui
ne donneraient pas un sou aux pauvres, et ils ont bien
30,000 fr. en écus. La bonne prise qu'il y aurait à faire
là ! Quatre ou cinq bons b...... bien déterminés lui en-
lèveraient tout ça, et ils n'en mangeraient pas moins. »
Des charges s'élevaient contre Anne Julia, maîtresse de
Ginestet, laquelle a fait tous ses efforts pour soustraire
les indices qui auraient compromis son amant et ses
complices.

Il lui est échappé dans maintes circonstances, des
propos de nature à la compromettre.

La réputation de Salabert, dit *Lalébre*, troisième accusé, est depuis longtemps flétrie : dans son adoles-
cence, il a commis plusieurs vols, et, à une époque qui
remonte à quatre ans environ, une tentative de vol l'a
fait chasser d'une auberge d'Albi, où il logeait. La férocité de son caractère était connue.

Lorsque Salabert parut en public, son air pensif et
abattu, sa figure décomposée, furent remarqués ; on lui
parlait, et il ne répondait pas ; devant le juge d'instruction,

il tremblait de tous ses membres, s'efforçait de déguiser sa frayeur, quand ce magistrat lui parlait, et se con-
traignait même quand l'interrogatoire était suspendu par
la dictée au greffier ; il cédait alors à tous les mouvements de son corps agité comme par le frisson de la
fièvre. La famille, appréciant la gravité des charges qui
pèsent sur cet accusé, Baysse, dit *Bourregre*, disait à
sa fille, femme de Salabert : « Il ne faut pas se désoler,
il faut prendre son parti, il est perdu. »

En conséquence, Dalby, Ginestet et Salabert furent
accusés : 1° d'avoir commis un meurtre avec préméditation sur la personne de Dominique Coutaud, de Marie
Fionvieille et de Marie Gardès ; 2° d'avoir en réunion
de deux ou plusieurs personnes, étant porteurs d'armes
apparentes ou cachées, à l'aide d'escalade, dans une
maison habitée, et avec violences, commis le vol d'une
somme d'argent et de divers objets mobiliers ; ils furent
traduits devant la Cour d'assises d'Alby, le 24 novembre
1834.

Après les formalités d'usage, le greffier lit l'acte d'accusation ; l'exposé de la cause est fait par l'avocat-général ;
Les témoins sont ensuite entendus, parmi leurs dépositions on remarque les suivantes : Jeanne Balitran, épouse
Blatgé : Après l'arrestation de Carrat, Anne Dalby, sa
sœur, me demanda ce que l'on pensait de son frère. Je
lui répondis que l'opinion le désignait comme un des
assassins. «Tiens! est-ce que les gens d'ici sont ses juges?
—Ah ! s'écria-t-elle, maudits souliers, si j'avais pu pré-

voir ce qui est arrivé, je les aurais bien fait disparaître, on n'en eût pas trouvé trace. » Elle confia encore qu'après l'assassinat, pendant que la justice était chez elle, et pour ne pas être compromise, elle avait caché des objets volés par son frère, elle en avait brûlé aussi.

« Ah ça, dit-elle, ne rendez pas ce que je vous ai dit *sans réflexion*; si vous en ouvrez la bouche, gare à vous! »

» Son tour d'aller en prison arriva. Un jour je la vis. « Tu m'as trahie, dit-elle; vas, quand je sortirai, tu seras contente. »

Anne Dalby se défend en appelant le témoin *mauvaise langue*.

Les autres dépositions ne font que reproduire des faits déjà connus par l'acte d'accusation.

Le procureur du roi, a été ensuite entendu, et a soutenu l'accusation contre les femmes Anne Dalby et Anne Julia.

Carrat se sent défaillir. Les gendarmes l'emmènent hors de la salle.

Anne Julia laisse tomber des larmes qu'on ne lui soupçonnait pas...

Le défenseur de Dalby, dit *Carrat*, a la parole.

Après sa plaidoirie, Carrat se dispose à parler. Le président lui dit : Dalby, levez-vous. Depuis que les débats sont commencés, vous m'avez fait appeler auprès de vous. J'ai long temps résisté, et j'ai été long temps combattu sur le point de savoir si je devais me rendre à vos sollicitations. Pourtant, sur votre demande réitérée, écrite, je me suis transporté ce matin auprès de vous. Vous m'avez parlé quelque temps. Je vous ai fait observer que tout ce que vous me disiez devait être entièrement confidentiel ; que si vous pensiez que ce dont vous me faisiez part dût être utile à votre défense, vous deviez le révéler en présence de MM. les jurés et de la cour ; car je n'avais pas le droit de vous faire subir des interrogatoires particuliers. Je vous ai déclaré que je ne pouvais ni ne voulais absolument vous rien promettre ; que, par conséquent, c'était à vous à peser, dans l'intérêt de votre défense, ce que vous auriez à faire. Maintenant, je vous le demande, avez-vous quelque chose à dire ?

Carrat : Oui. Je demande avant tout que vous me fassiez apporter un verre d'eau. (On l'apporte-sur-le champ.)

Carrat, après l'avoir bu, se lève et s'exprime ainsi :

«M. le président, auparavant de prononcer mon discours, et je vais le dire avec franchise ; mais je ne puis lever la main parce que je suis au rang des condamnés, que ma condamnation que j'ai eue est peine infâmante; auparavant de commencer mon discours, je veux dire à messieurs mes camarades qui sont là, et d'autres s'il y en a, je leur dis encore s'il est un effet de leur bonté de parler, et après, une fois qu'ils auront parlé, moi je parlerai. Salabert et Ginestet, si vous voulez parler auparavant que je commence mon récit, si vous voulez, parlez.»

Ginestet : Je n'ai rien à dire.

Salabert : Ni moi non plus.

Carrat, reprenant : Je vais maintenant.

« Dans le courant de cette vie, plaignez mon triste sort. Quand on commence mal, on finit toujours mal. Salabert, il y avait quelques jours qu'il me tenait des discours, me disait que dans la rue du Foiral il y avait des gens riches. Un autre jour, Salabert m'invita à manger un canard chez lui, avec son beau-père, sa belle-mère, et sa mère. Quand je partis, Salabert me suivit et me dit : « Ecoute, toi qui es un homme décidé, si tu voulais venir, il y a trois ou quatre riches paysans dans la rue du Foiral, nous pourrions voler, et faire un bon coup. Je lui dis alors : « Puisque tu me le dis, si tu es si franc que moi, nous le ferons. »

« Revenons au 24 janvier ; me trouvant au cabaret chez Espaillac, Ginestet s'approcha, auprès de la table, de moi et me dit : « Dépêche-toi à payer que nous irons boire une demi-tasse de café. » Partis du cabaret d'Espaillac pour aller au café Bernier, sur la route, en partant, Ginestet lui me dit : « Tiens, écoute, Salabert m'avait parlé une fois qu'il y avait un riche paysan dans la rue du Foiral, et que si tu n'avais pas été dans le cabaret d'Espaillac, je serais venu à la maison ou à la veillée pour te dire ceci. Si tu veux venir, nous sommes décidés qu'il y a une bonne affaire. » Je dis : « Mais cependant, j'ai peur que ça n'aille pas. » Ginestet dit : « Tu me prends donc pour un c....» «Ni moi non plus, je ne suis pas un c...,» lui répondis-je. Voilà qu'alors Ginestet me dit : « Eh bien, va dans la rue du Foiral, et je me rendrai sur la place de Foiral. Je me rendis sur la place de la Foiral. Ginestet y était déjà. Alors il me dit : «*Viens* sur le champ de Calvet.» Il y avait deux personnes sur ce champ; Ginestet et moi, ça faisait quatre. Alors Salabert me dit : «Un b... comme ça, que tu sors de prison, tu trembles?»—«Non, je ne tremble pas; mais, c'est égal, toujours on a peur.» Alors, Salabert me mit dans une petite rue près de l'hôpital, auprès d'un coin. « Et là, me dit-il, il faut que tu restes. »

« J'ai été là environ demi-heure, la peur m'a saisi, et je m'en fus à la maison. De là que j'étais arrivé de demi-heure, Ginestet, Lalièbre et une autre personne, arrivent. Voilà qu'alors Ginestet me cria comme ça : « Jeannet, lève-toi, tu es un bon b..... Un homme comme toi, tu as f.... le camp vite. » « Il faut venir. » Je dis : « Je viens. » Voilà que je les suis. Une fois arrivé, on m'a mis dans la rue du Foiral, à l'endroit où m'avait placé Ginestet. Alors on me fit entrer dans une porte de la maison de Coutaud. »

Ici Carrat s'assied un instant. Salabert n'a cessé de le regarder, mais d'un œil qui exprimait la colère, la fureur, le désir irrésistible de la vengeance : on est avide d'entendre la fin de cette lugubre narration.

Carrat: Recommence.

Alors Ginestet et Salabert étaient derrière moi. Il a ouvert une porte et l'autre, celui devant, était toujours deux pas, trois pas avancé plus de moi; il ouvre une porte, alors une personne lui répond qui est ça ? L'autre lui dit : « C'est le diable. » Après demi-minute j'entends qu'il crie : « O! mon Dieu! on me tue! O! mon Dieu! on me tue. » Au moment que j'entrai, celui qu'il criait vint se jeter sur moi avec force et me renversa auprès d'une cloison ; alors celui qu'il était derrière, qu'il était Lalièbre, lui donna trois ou quatre coups, et alors il a tombé dans le vestibule. Alors il a fait : *A moi, je suis perdu!* Voilà le dernier soupirement qu'il a fait. J'entendis encore une personne qu'il disait : Ai... ai... ai... ai... Voilà qu'on regarda dans toutes les armoires. Moi aussi je regardai dans une armoire qu'elle était auprès d'une croisée, qu'il y en avait deux armoires. Alors je dis à tous : « Voici de l'argent. Il y avait deux sacs, j'en aurais plus que vous autres. » Et ces sacs a été des graines pour semer. Alors Ginestet lui a pris une montre près d'un lit. Alors nous, nous sommes passés dans l'autre chambre. Il y avait auprès d'un lit à main droite en entrant, il y avait deux cadavres, un qui levait les yeux, qui disait ai... ai... ai... Alors Lalièbre dit, p.... : « Cette b....là, après y avoir f.... plusieurs coups, elle ne peut pas mourir. » Alors Lalièbre prend un instrument et il en donna 4 coups, 4 coups, elle ne parla plus. Alors Ginestet ouvrit une armoire, Lalièbre dit : «Il y a longtemps que j'ai gratté, il n'y a plus rien à lécher. »

« Voilà qu'alors nous sortâmes et nous nous transportâmes sur la rue de la Foiral. Alors je leur dis : « Pour faire des coups comme ça vous n'aviez pas besoin de moi ; pour voler de l'argent, oui, toujours j'en

volerais ; mais pour tuer des gens , jamais je le ferai ;
ceci n'est pas dans mon caractère. »

Carrat raconte ensuite qu'après avoir fait serment de
ne rien dévoiler, Salabert proposa de revenir dans la
maison Coutaud.

« A présent, dit-il, si vous avez quelque chose à me
dire, M. le président, je répondrai.»

M. le président rappelle à Carrat cette circonstance
incroyable, que, d'après lui, les assassins auraient d'abord
égorgé les deux femmes, sans que Coutaud s'éveillât ;
qu'ils auraient abandonné assez longtemps la maison du
crime pour aller le chercher, ne l'ayant plus vu à l'endroit de la rue qu'on lui avait assigné. Carrat répond
qu'ils crurent sans doute qu'il était parti pour les dénoncer. Ils furent chez lui, l'emmenèrent, et cette fois le
firent entrer dans la maison Coutaud ; ce n'est qu'alors
qu'on ouvrit la porte de la chambre de Coutaud, et que
celui qui était devant (Estève dit (*Quillou*) frappa.

M. le président interroge Salabert et Ginestet. Ils nient
tout ce qu'a rapporté Carrat. Salabert surtout proteste
avec force et trois fois de son innocence ; il dit que
Carrat se voyant perdu , a inventé cela pour adoucir
son sort.

En ce moment, le plus grand tumulte éclate dans la
salle. Estève vient d'être arrêté. Carrat convient que le
vol est sa passion, mais qu'il a eu toujours le meurtre en
horreur. Il raconte qu'Estève a été mené hier devant
lui en présence de M. l'avocat-général ; qu'en le voyant
il s'est écrié : « Voilà l'assassin de Coutaud, celui qui sui-

vit toute la nuit Salabert. » Estève lui aurait répondu
seulement : « Mais, pauvre garçon, tu te trompes ; Messieurs, ne l'écoutez pas. »

Après les plaidoiries des défenseurs et par suite de la
déclaration du jury, Carrat, Ginestet et Salabert, déclarés coupables, sont condamnés à la peine de mort.

En entendant l'arrêt, la figure de ces misérables n'a
pas changé un seul instant. Ginestet surtout, étonne
l'auditoire par son impassibilité.

Les deux femmes, Anne Julia et Anne Dalby, ont
été acquittées.

EXÉCUTION DE GINESTET ET DE SALABERT.

On a vu plus haut qu'après le plaidoyer de son défenseur, Carrat annonça qu'il avait des révélations à
faire ; et qu'aussitôt, racontant toutes les circonstances,
tous les détails de l'assassinat, il en fit connaître les auteurs, lui, ses deux co-accusés, Reilhes, dit *Reillon*,
et Estève dit *Quillou*. Estève, entendu comme témoin à
charge, fut immédiatement arrêté, et condamné, le 7 février, aux travaux forcés à perpétuité *seulement*, parce
que le jury déclara en sa faveur des circonstances
atténuantes ; Reilhes fut acquitté. Cette décision fut
accueillie par une improbation générale. Estève, l'un
des instigateurs du complot, celui qui y avait joué le
rôle le plus actif, qui avait emporté 10,000 fr. en or, ne
pas être condamné à mort, alors que les autres accusés
avaient été frappés de cette peine, parut une chose inconcevable. Estève jouissait d'une certaine fortune ; la

probité de ses parents et d'autres raisons que notre plume
se refuse à tracer, lui avaient attiré la protection de
quelques familles puissantes de Gailhac, qui avaient l'im-
pudeur de le dire innocent. Les cris d'indignation du
public ont flétri ces intrigues ; et nous devons dire à la
louange du jury, que sa répugnance seule à appliquer
la peine de mort a déterminé la déclaration de circonstances atténuantes. Estève ne s'est pas pourvu en cassation.

Chacun s'attendait à ce qu'il y aurait sursis et commutation de peine pour Carrat. C'était le vœu général
de la contrée, et on avait la presque certitude de cette
commutation qui en effet a eu lieu ; Carrat est resté
dans les prisons d'Albi.

Voici les détails de l'exécution de ses deux complices :

La veille, l'exécuteur des arrêts criminels de Rodez
avait transporté sur une charrette l'instrument du supplice à Gailhac, où devait avoir lieu l'exécution. Une
foule innombrable attendait le moment où les condamnés seraient extraits de la prison. A sept heures et quart
arrivent deux exécuteurs, et après eux deux tombereaux
sur lesquels doivent être conduits Ginestet et Salabert.
Deux respectables ecclésiastiques se présentent, et
leur annoncent qu'il faut partir. Salabert répond qu'il
s'y attendait, et accuse Carrat d'être, par ses révélations,
la cause de sa mort ; Ginestet est calme et ne dit rien ;
il refuse de prendre un verre d'eau-de-vie, à la différence de Salabert, qui en avait déjà bu un.

Ginestet qui doit être placé sur le premier tombereau

marche d'un pas assuré. Son âge (22 ans), son abattement, intéressent les spectateurs. Salabert est mis sur second tombereau. Il porte sa tête haut ; mais sa fiure est cadavéreuse, et son regard glacial : il est désolé de ne pas voir Carrat côte-à-côte avec lui dans ce funèbre voyage.

Le trajet à parcourir est de six lieues de poste. Les tombereaux sont découverts, et le temps est à la pluie. A peine le cortége a quitté la ville, que Ginestet tombe en défaillance ; des secours lui sont prodigués, il revient à la vie, et la marche continue. Toute la route est bordée par la foule des curieux. Salabert, d'une forte constitution physique, résiste, et s'entretient avec son confesseur. Mais Ginestet s'évanouit plusieurs fois. Il est près de midi lorsqu'on arrive sur la place du Foiral, où l'échafaud avait été dressé pendant la nuit. Cette place est contigue au champ Calvet, par lequel les condamnés s'étaient introduits dans la maison Coutaud. Debouts sur l'instrument du supplice, ils voyaient le théâtre de leur crime. Quel souvenir pour eux ! Quelle sensation, lorsqu'ils ont apperçu plus de VINGT MILLE étrangers à la ville de Gailhac accourir pour être les témoins de leur mort !

Ginestet et Salabert montent sur l'échafaud, soutenus par les exécuteurs, et tous les deux ensemble. Ginestet ne dit rien : on le couche sur la planche, et Salabert, debout, voit jaillir le sang de son complice. Il frissonne d'épouvante lorsqu'il voit la tête rouler, et le corps tomber à ses pieds. Le couteau est de nouveau hissé, et il dégoûte de sang ! Salabert est aussitôt mis à la place de celui qui n'est plus. On va le lancer sous l'instrument fatal ; mais il demande à parler ; on le lui permet, et d'une voix entrecoupée, il s'écrie dans l'idiôme patois : *Les faux témoins de Gailhac, la justice d'Albi, et Carrat sont la cause de ma mort. Bonjour à tous.* Un instant après, il avait cessé de vivre.

Le lendemain 17, et sur une des places publiques de la ville d'Albi, Estève dit Quilhiou, qui avait acquiescé à l'arrêt qui le condamne aux travaux forcés à perpétuité, a été exposé pendant une heure aux regards du peuple. Il a conservé son impassibilité.

En conséquence de ses nouvelles révélations à la justice, Carrat dont la condamnation à mort a été commuée en celle des travaux forcés, comparut comme témoin à l'audience de la cour d'assises d'Alby, du 31 juillet 1835. Sa vue paraît faire une profonde impression sur les nouveaux accusés.

Le président l'engage à être calme dans ses dépositions, à parler avec franchise et vérité, sans aucun sentiment de haine ou de méchanceté : il lui dit que, quoiqu'il ne puisse prêter serment, il ne doit pas moins dire la vérité, et qu'il commettrait le plus grand de tous les crimes si, par une fausse déposition, il allait compromettre l'avenir des nonveaux accusés.

Carrat écoute M. le président avec impassibilité ; il

répond que tout ce qu'il dira est vrai et exact, et commence sa déclaration, mais d'une voix faible qui parvient
difficilement aux oreilles de la cour : il demande de l'eau-
de-vie, et après en avoir bu, il recommence d'une voix
plus élevée son récit déjà connu, mais auquel il ajoute
de nouveaux détails relatifs à la complicité de trois nouveaux accusés comparaissant devant la cour d'assises.

Le jargon bizarre de Carrat, les termes d'argot qu'il
multiplie, son grasseyement, les mots patois qu'il francise, ses gestes, ses inflexions de voix, tout contribuait
à donner une physionomie particulière à son horrible
narration.

M. le président demande à Carrat quelles sont les
raisons qui l'ont empêché de dire toute la vérité dans
ses premières révélations. Carrat répond que lié avec
Rességou depuis son enfance, lié aussi avec Cazelles, il
ne voulait pas d'abord les compromettre, et que s'il l'a
fait plus tard, c'est qu'il croyait qu'Estève parlerait, et
qu'il ne voulait pas qu'on pût lui faire le reproche de ne
pas avoir tout dévoilé.

Pendant que M. le président adresse aux accusés des
questions sur les faits rapportés par Carrat, celui-ci les
regarde en riant et d'un air moqueur : les défenseurs
des accusés prient M. le président de faire observer à
Carrat l'inconvenance qu'il y a de sa part à rire ainsi au
nez des malheureux dont il compromet l'existence.
Carrat, sans montrer la moindre émotion, répond avec
un sang-froid imperturbable, que voyant les accusés

soutenir constamment qu'ils n'étaient pas là où il les a vus lui-même, et où par conséquent il est sûr qu'ils se trouvaient, il ne peut s'empêcher de rire. Il rend compte de ses liaisons avec Rességou avant sa condamnation à cinq ans de réclusion. Rességou était son complice dans le vol pour lequel il fut condamné ; les renseignements que lui a donnés Ginestet ne lui laissent aucun doute sur la complicité de Solomiac. Estève, extrait de la prison et amené aux débats, parait après, revêtu de l'habit des galériens ; il persiste toujours à nier sa participation à l'assassinat, il est reconduit en prison.

Le jury déclare l'accusé Cazelles coupable de complicité de l'assassinat et du vol, et les accusés Bougnol et Solomiac coupables de complicité du vol avec des circonstances atténuantes.

Cazelles est condamné à la peine de mort, Bougnol à 15 années de travaux forcés, et Solomiac à dix années de la même peine.

En entendant la lecture de la déclaration du jury, Cazelles a poussé des hurlements horribles. Il invoquait la justice de Dieu et s'écriait : « Arrachez-moi d'ici, je ne veux pas être guillotiné, je suis innocent ! » Cependant les forces du condamné se sont épuisées, et il répétait les mêmes imprécations d'une voix faible, qui était comme le râle d'un mourant. Enfin il s'est évanoui ; et les secours empressés qu'on lui prodiguait ne pouvaient le tirer de sa léthargie. L'arrêt a été prononcé sans que Cazelles l'ait entendu ; on le croyait mort.

Bougnol et Solomiac étaient également évanouis.

Trois procès criminels avaient eu lieu, dix accusés ont comparu devant la Cour d'assises, trois d'entre eux ont payé de leur sang le sang des trois victimes, et cependant, par suite de nouvelles dénonciations faites à la justice, un quatrième procès commence le 1er janvier 1886 ; sept nouveaux accusés sont traduits devant le jury, tandis qu'une cinquième procédure s'instruit nouvelle encore.

Le désir de connaître tous les détails de l'horrible drame, l'espérance que le *Manson* de cette procédure, le trop célèbre Carrat, se décidera enfin à déchirer en entier le voile qu'il n'a encore soulevé qu'en partie, tout était bien fait dans la cause, pour stimuler **la** curiosité publique. Aussi la salle d'audience était elle encombrée de curieux.

Le premier accusé, Antoine Fabre, dit *Mina*, portefaix, est un jeune homme de 28 ans, fortement constitué ; sa taille est élevée ; sa figure calme, mais sans expression, prévient assez en sa faveur. Le deuxième accusé, Antoine Castel fils, dit le *Rouge*, tonnelier, âgé de 31 ans, ne dément en aucune manière le sobriquet qu'il porte. Sa figure enluminée s'accorde très-bien avec ses cheveux et ses sourcils rouges. Antoine Larroque, dit *Rossignol*, âgé de 37 ans, troisième accusé, se fait remarquer par la vivacité de sa physionomie. Ses yeux noirs et animés se portent alternativement sur la Cour, sur le Jury et sur l'auditoire. Le quatrième accusé,

Baptiste Castel père , dit *Rest*, est un vieux militaire
décoré, qui a fait toutes les campagnes d'Italie, d'Alle-
magne et de Russie : à la bataille de Dresde il s'empara
avec sept dragons, de trois pièces de canon sur les Au-
trichiens, et cette action d'éclat lui valut la croix d'honneur : il a quitté cette décoration pour venir à l'audience.
Il y a encore dans la figure expressive et sévère de Castel père , quelque chose du soldat. Bernard-Augustin
Astruc, coutelier, âgé de 52 ans, cinquième accusé,
n'est pas doué de ce physique qu'on doit supposer aux
affiliés d'une bande de malfaiteurs. D'une petite taille,
maladif, fortement boiteux, il ne marche qu'avec difficulté. La tête ordinairement baissée, le menton enfoncé
dans sa cravate, il regarde en dessous avec de petits
yeux saillans, et pleins de vivacité. Pierre-Rose Espaillac
et Élisabeth Gazagnes sa femme, sixième et septième
accusés, occupent les derniers rangs sur le banc. La
figure osseuse d'Espaillac, son front couvert de cheveux
noirs en désordre, sa physionomie sans expression, lui
donnent plus d'un air de ressemblance avec un des accusés de la seconde affaire, Reilles , dit *Reillou*. La
femme Espaillac, à la tête haute, au regard assuré, n'est
rien moins que jeune et belle. Quand on regarde les
deux époux, l'on croit sans peine ce qu'a dit un témoin,
qu'au cabaret ce n'était pas le mari qui portait les cu-
lottes. Ainsi qu'Estève et Cazelles, Espaillac et sa femme
étaient témoins dans la première affaire.

Le greffier donne lecture de l'acte d'accusation qui,

après avoir rapporté les faits relatifs à l'assassinat des époux Coutaud et de leur servante, faits déjà connus de nos lecteurs, arrive à ceux concernant les accusés actuels.

On a vu que la peine de mort infligée à Dalbys-Carrat fut commuée en celle des travaux forcés à perpétuité ; transféré à Toulouse pour l'entérinement des lettres de commutation, ce condamné fit des révélations, par suite desquelles trois autres individus, Cazelles, Bougnol et Solomiac furent mis en jugement et condamnés, Cazelles à la peine de mort, Bougnol à quinze ans, et Solomiac à dix ans de travaux forcés.

Certaines circonstances de ces trois premières procédures portaient à croire que Dalbys, dit *Carrat*, n'avait pas encore signalé tous les coupables ; on savait que Gaillac renfermait une bande organisée, et il était naturel que tous ses membres eussent pris part à un forfait dont l'exécution exigeait le concours d'un grand nombre de personnes, en même temps qu'une riche proie devait en être le résultat. Ce que l'on prévoyait s'est vérifié. Dalbys-Carrat a complété ses déclarations qui ont été confirmées par les nombreuses preuves que l'information a recueillies contre les sept accusés actuels.

Le premier, Antoine Fabre dit *Minu*, désigné aussi par d'autres sobriquets, était le chef de la bande. Il devait cette distinction à son audace et à ses habitudes ; dénué de ressources, il vivait sans travailler : l'information signale des vols qu'il a commis avec violences et même avant assassinat. Dalbys-Carrat rapporte, d'après Salabert et Ginestet, que Fabre, de concert avec eux, Castel fils et la femme Espaillac, a égorgé dans le cabaret de cette femme un marchand provençal en mars 1833.

Avant le crime commis dans la maison Coutaud, il parla plusieurs fois du projet à Dalbys-Carrat, pour tâcher de vaincre ses hésitations. Il assista aux réunions où les dispositions étaient faites. Dalbys-Carrat, arrivé sur le champ de Calvet avec Ginestet, vers minuit, l'y trouva déjà rendu en compagnie de Salabert, de Reilles et de Cazelles. Armé d'une paire de pistolets, il était plus tard dans le corridor de la maison Coutaud, avec Bougnol, Reilles et Cazelles, et il assista au meurtre de Coutaud. Etant entré ensuite dans la chambre des femmes qui gisaient baignées dans leur sang, il porta deux ou trois coups d'un poignard que tenait Salabert, à l'une de ces infortunées. Au sortir de la maison, il intervint au serment prêté sur des poignards mis à terre dans la place du Foiral ; et il fut lui-même l'objet d'un serment particulier, comme capitaine et destiné à venger ceux des camarades que la justice viendrait à atteindre.

Le deuxième accusé, Antoine Castel fils, dit le *Rouge*, homme perdu de mœurs et de réputation, depuis longtemps est le souteneur d'une maison de prostitution tenue par Marie Bougnol, mère de l'un des trois condamnés. L'un dès assassins du marchand tué chez Espaillac en mars 1833, il aurait pris part la même année à une tentative de vol, commise par sept ou six individus chez la demoiselle Vialar Gaillac. Selon Dalbys-Carrat, cet accusé avait assisté aux réunions qui préparèrent le crime.

Antoine Larroque, dit *Rossignol*, 3e accusé, était aussi initié au projet de la bande.

Le quatrième accusé est Jean-Baptiste Castel père, dit *Rest*, membre de la Légion-d'Honneur ; il a flétri sa décoration par une indigne conduite. Déjà condamné à un an d'emprisonnement pour vol, il a subi sa peine dans la maison centrale de Nîmes.

D'après Dalbys-Carrat, informé du projet de la bande, Castel père assista aux réunions qui précédèrent le crime, et dans la nuit du 24 on lui confia un poste périlleux.

Bernard-Augustin Astruc, cinquième accusé, que le dénuement le plus complet mettait à la disposition de la bande, Il était habituellement nourri par Salabert, par Ginestet et par Fabre, dit *Mina* ; les mariés Espaillac l'hébergeaient gratuitement. Astruc préparait les instruments dont on s'armerait dans l'expédition, en profitant de l'absence d'un coutelier qui l'employait et de la cécité presque complète de l'homme qni tournait la meule.

Pierre-Rose Espaillac et Elisabeth Gasagnes, sa femme, sixième et septième accusés, ont eu un rôle important dans les faits qui se rattachent au double crime commis dans la maison Coutaud. C'est avec raison qu'un voyageur qualifiait leur auberge de *caverne*. La procédure confirme diverses preuves de leur profonde immoralité : c'est le vol d'un tonneau enlevé effrontément sur une charrette, en plein jour ; c'est un créancier chassé avec menaces après que son titre a été détruit ; ce sont deux voyageurs que l'on questionne sur l'argent qu'ils portent, et de qui l'on dit qu'il y aurait là un bon coup à faire ; c'est un troisième enfermé sous clef, qui est rançonné avec l'assistance de Salabert et de quelques-uns de ses camarades ; c'est un autre qui, pendant son ivresse, est dépouillé de ses effets ; c'est enfin le cadavre d'un autre trouvé au bas de l'escalier.

Un témoin rapporte qu'un jour il a entendu, dans la cuisine du cabaret, la femme Espaillac, Salabert, Ginestet et Dalbys-Carrat, s'entretenant du projet, dont l'exécution eut lieu deux mois après et que toutes les mesures y furent arrêtées.

A l'époque du jugement d'Estève, Espaillac, qui devait redouter d'autres révélations de Dalbys-Carrat, témoignait son impatience de la durée de toutes ces procédures. « Il lui tardait que tout cela fût fini ; on aurait mieux fait de raccourcir Carrat. » Ses inquiétudes étaient fondées. « Quelques mois après, Dalbys-Carrat écrivait de Toulouse à la femme Espaillac, en même temps qu'à Fabre, dit *Mina*, pour réclamer des fonds en récompense du secret gardé. » Plus tard enfin, on a

su par lui, que les Espaillac avait fourni une épée dont
Astruc avait fait des poignards ; que des linges ensanglantés avaient été portés dans le cabaret par les assassins. Enfin, que le mari et la femme avaient reçu la
somme de 4,000 fr., dont 2,000 fr. pour eux, et le surplus pour en faire la distribution à certains de la bande.
De là la, culpabilité des Espaillac peut se résumer dans
ce mot d'Estève : « Qu'on arrête les Espailliac ; ils savent tout, c'est chez eux que le crime s'est comploté.»

Après les dépositions de quelques témoins, et l'interrogatoire des accusés, qui se renferment dans de simples
dénégations, M. le président ordonne aux gendarmes
d'introduire Carrat ; sa mise recherchée frappe tous les
yeux : casquette en velours, veste en velours, gilet
neuf, cravate de soie jaune serin, souliers brillamment
cirés, luxe de breloques, gants bleu de ciel, en un mot,
sa tenue est presque celle d'un fashionable. Après qu'il
a décliné ses nom, prénoms, sobriquets et qualités,
M. le président l'invite à parler.

« M. le président, dit Carrat, comme je ne savais pas
que je devais être entendu aujourd'hui, je ne me suis
pas préparé : on ne m'a rien donné à manger d'aujour-
d'hui ; je ne puis cependant pas parler sans qu'on m'ait
fait manger. » *M. l'avocat-général* : C'est juste. Si
Carrat est mort civilement, il ne doit pas l'être naturellement. M. le président donne des ordres pour que l'on
emmène Carrat et qu'on lui donne à manger ; et il recommande à un huissier de ne pas lui donner du vin à
discrétion.

Carrat, ramené sur le siége des témoins, demande encore un verre d'eau, et après s'être mouché, avoir pris une prise de tabac et mis une pastille dans sa bouche, il commence sa déposition.

Nous ne le suivrons pas dans ses longues déclarations dont la plus grande partie est déjà connue : nous n'en rapporterons que ce qui regarde plus directement les nouveaux accusés, et ce qu'il n'avait pas encore révélé.

« Quelque temps avant l'assassinat, dit-il, Salabert, Mina, Rest et d'autres m'avaient fait part de ce projet. Pendant que j'étais à table dans la cuisine Espaillac, tous les membres de la bande entrèrent dans l'auberge et montèrent en haut ; comme j'étais soûl, je ne pus y aller. Quelques jours après, je demandai à Mina quelles étaient les mesures qu'ou avait prises, il me dit qu'on avait décidé que je n'irais pas chez Coutaud pour ne pas éveiller les soupçons, étant sous la surveillance de la police.

Le 24 janvier, j'allai souper chez Espaillac : celui-ci demanda de l'argent à Ginestet pour aller chercher un litre d'eau-de-vie. « Vous en aurez là pour demain, dit-il ; quand vous aurez fini de travailler. » Quand je sortis, la femme Espaillac me frappa sur l'épaule, en me disant : « Prends courage, Latranche ! »

« Je fus avec Ginestet au café Bernier ; en revenant, vers les onze heures, j'aperçus en faction, Le Rouge et Rossignol ; arrivé sur le champ de Calvet, j'y vis Mina, Cazelles, Salabert, Estève et Reilles ; on m'assigna un poste : en m'y rendant, je vis Rest en faction ; il était armé d'un poignard, il me dit en passant : « As-tu pris la goutte ? — Oui, dis-je, et j'allai à mon poste »

Carrat raconte sa fuite, sa rentrée dans sa maison, d'où il fut bientôt ramené par Estève, Ginestet et Salabert ; son entrée dans la maison Coutaud ; l'assassinat de ce malheureux vieillard par Estève, Salabert et lui ; l'achèvement de la servante par Salabert, et la spoliation des armoires par tous les assassins.

« Pendant que nous étions dans la chambre des femmes, ajoute-t-il, Mina y entra. « Ah ça, lui dis-je, tout le monde n'a pas tué ici. — Serais-tu jaloux ? me répondit-il. » Et prenant un poignard des mains de Salabert, il en frappa l'une des femmes. Nous sortimes alors dans le corridor, et voyant que Mina allumait un cigarre : « Est-ce que tu oses fumer ici ? lui dis-je. » Je lui pris le cigarre et le jetai dans la cuisine. En sortant de la maison, les poignards furent placés à terre, et nous jurâmes un secret inviolable. Cazelles me dit : « Ceux qui n'ont pas assassiné ce soir, assassineront chez l'abbé Salabert. — En faveur de la parenté, dit Salabert, je veux bien y travailler. » Nous nous séparâmes tous : je me dirigeai sur la place du faubourg, avec Mina. Comme il portait un pantalon blanc, je lui dis : « On dirait que tu es d'une noce ; je vais apposer ma signature. » Et avec ma main ensanglantée, je salis son pantalon.

« Le lendemain je me rendis chez Espaillac vers les 8 heures. « Ah ça, dis-je à Espaillac, vous avez reçu de l'argent, il m'en faut. — Mange la soupe, me dit-il, et puis je te paierai. » Pendant que je mangeais la soupe, je fus arrêté.

« Etant détenu à Albi, à la maison de justice, Salabert me raconta que le 24 mars 1833, revenant de Cramaux avec une charrette et arrivé à l'allée de Gaillac, un homme s'adressa à lui et lui dit : « Je suis un marchand de moutons, j'ai de l'argent sur moi, enseignez-moi une bonne auberge. — Allez chez Espaillac, vis-à-vis la mairie, lui dit Salabert, j'y viendrai ce soir pour vous recommander. Le soir Salabert alla chez Espaillac avec le Rouge, Mina et Ginestet : le marchand était à table et invita Salabert à boire avec lui. Après son souper, il demanda une chambre; « Rousselle, dit Salabert à la femme Espaillac, donnez-lui une chambre solide où il ne risque rien, je vous le recommande. » Le marchand monta dans sa chambre. Au milieu de la nuit, Salabert, Ginestet, le Rouge, Mina et les époux Espaillac l'assassinèrent et allèrent noyer le cadavre dans le Tarn. On trouva dans son porte-manteau 2,400 fr. en or et 300 fr. en écus.

Cette première déposition, Carrat l'a faite toute d'une haleine, ne s'arrêtant de temps à autre que pour humer une prise de tabac ou pour sucer une pastille : plusieurs fois il a tiré avec ostentation de son gousset une montre d'argent dont il se plaisait à faire résonner les breloques. Sa facilité d'élocution, son aisance devant le public, son flegme en racontant les détails les plus horribles de cette nuit de sang, tout indique dans Carrat un digne émule de Lacenaire.

M. le président : Mina, vous avez entendu la déclaration de Carrat, qu'avez-vous à y répondre ? — R. Je n'ai rien fait de ce qu'il m'impute ; tout ce qu'il a dit sur mon compte est faux.

La même question est adressée par M. le président à tous les autres accusés : ils répondent tous qu'ils n'ont point trempé dans l'assassinat, et que toutes les déclarations de Carrat sont mensongères.

Un juré, à Carrat : Vous avez dit hier que Mina avait frappé l'une des femmes avec le poignard de Salabert ; vous rappelez-vous sur quelle partie du corps il porta les coups ? — R: Je l'ignore. Comme ce n'était pas une affaire honorable à regarder, je ne le vis pas.

On continue l'audition des témoins.

Pierre Dalbys, frère de Carrat : Pendant qu'on instruisait la procédure contre Cazelles, j'allai voir mon frère à la prison de Gaillac : comme le bruit courait que Mina serait peut-être arrêté, je demandai à mon frère si cet individu était l'un des assassins ; mon frère ne voulut pas me répondre. « Il n'y était pas sans doute, lui dis-je, car la femme de l'*Hoste* a déclaré qu'il est resté chez elle jusqu'à minuit. Il n'y était pas même à onze heures et demie, me répondit Carrat. » En m'entretenant avec lui, j'aperçus plusieurs dessins crayonnés sur les murs du cachot, je distinguai entre autres un rémouleur aiguisant quelque chose: « Qu'est ce que cette figure ? lui dis-je. — J'ai voulu représenter, me répondit-il, le boiteux d'Astruc préparant les poignards avec une épée fournie par la femme Espaillac. »

Cette audience et celles des 24 et 25 décembre ont été consacrées à l'audition des autres témoins. Nous nous bornerons à citer les trois dépositions suivantes qui peuvent donner une idée de ce qu'était l'auberge des Espaillac.

Antoine Brandauy : Il y a quelques années j'avais vendu plusieurs cochons à la foire de Gaillac ; le soir j'allai loger avec un de mes amis chez Espaillac. Nous étions à souper à côté de gens d'une très-mauvaise mine, lorsque la femme Espaillac me dit en me frappant sur l'épaule : « Vous avez pris beaucoup d'argent aujourd'hui avec vous, il y aurait un bon coup à faire. » Ce propos devant les individus qui se trouvaient dans la cuisine me frappa beaucoup, et en allant au lit avec mon camarade, je lui dis : « Dans quelle caverne m'as-tu mené ? » Nous ne dormîmes pas de toute la nuit.

Antoine Bosec : Il y a à peu près cinq ans, étant à Gaillac, je couchais chez Espaillac : j'étais dans mon lit tout éveillé, lorsque j'entendis ouvrir la porte de ma chambre. « Qui est-là, m'écriai-je ? — C'est moi, me répondit la femme Espaillac, qui viens voir si vous voulez boire. — Allez, retirez-vous, lui dis-je, je ne bois pas pendant la nuit. » Le lendemain je lui demandai mon compte ; comme je trouvais qu'il était un peu cher, je voulus marchander. La femme s'arma alors d'un cou teau en me disant de la payer « Je te conseille de payer, et bien vite, me dit Salabert, qui se trouvait dans un coin de la cuisine. » Je donnai tout l'argent que j'avais sur moi et m'en allai au plus vite.

Bernard Raymond : Me trouvant à une époque à Gaillac, Astruc m'invita à aller boire chez Espaillac : je m'y rendis et bus sans doute un peu trop : je m'endormis dans la cuisine et je me trouvai le lendemain dans l'écurie. A mon réveil, je m'aperçus qu'on m'avait pris ma canne, mon manteau et l'argent que j'avais sur moi. J'allai à la cuisine pour me plaindre au maître de la maison : je n'y trouvai personne : au bruit que je fis, une femme qui se trouvait dans un lit me demanda ce que je voulais : « Où est ma canne, lui dis-je ? — Je n'en sais rien. — Mon couteau ? — Je n'en sais rien. — Et mon argent ? — Voulez-vous me f... le camp bien vite, me répondit la femme en colère, ou je me lève et je vous assomme à coups de bâton. »

Cazelles avant son exécution, avait fait à M. le procureur du Roi d'Albi, des déclarations dont voici la substance :

« Le 24 janvier au matin je trouvai Anne Dalbys sur la place du faubourg ; elle me dit de l'aller chercher le soir à la veillée. A quatre heures de l'après-midi j'allai au café Bonpar, où je restai jusqu'à onze heures et demie du soir à boire ou à manger ; je sortis presque ivre et j'allai à la veillée pour chercher Anne Dalbys, mais je ne l'y trouvai point. Je me retirai et j'allai me coucher à la

Verrerie. J'étais endormi lorsque, vers une heure du matin, je sentis une main se poser sur ma figure. « Qui est là ? m'écriai-je, » et je reconnus Anne Dalbys et Anne Julia : celle-ci avait relevé son jupon sur sa tête, Anne Dalbys avait la tête couverte d'un mouchoir. Ces deux femmes me firent lever, et, me prenant chacune par un bras, m'entraînèrent au dehors : « Où voulez-vous me mener, leur dis-je ? — Venez toujours ; que vous importe ? me répondit l'une d'elles. » Nous pas_sâmes par la rue de la Magdelaine et entrâmes dans le champ de Calvet. J'y trouvai Carrat, Estève, Salabert et Ginestet.

« Je demandai à Estève ce que nous allions faire. «Tais-toi, me dit-il, nous rirons avant de nous quitter. » Ginestet, Salabert et Carrat montèrent sur le toit ; je restai sur le champ de Calvet avec Estève et les deux femmes ; au bout d'une demi-heure environ je vis reve-nir Carrat et Ginestet portant des paquets de linge sous le bras. Anne Julia et Anne Dalbys prirent ce linge et l'emportèrent chez la femme de Pierre Dalbys, où il fut caché dans un tuyau de cheminée. « Venez, me dit alors Carrat, nous allons rire. » Nous allâmes alors dans la rue Foiral et nous entrâmes dans la maison Coutaud. Je vis dans une chambre les cadavres de deux femmes dont l'une poussait encore quelques gémissements. Salabert sortit un poignard de sous sa veste et, me le présentant « N.. de Dieu, dit-il, j'ai commencé, il faut la finir, ou je te tue » et il me menaçait du poignard.

« Epouvanté je pris la fuite, et en descendant l'escalier j'entendis qu'Estève assassinait Coutaud. Carrat ,
voyant que je fuyais, se mit à ma poursuite : heureusement pour moi, la lumière s'éteignit, et je pus me sauver. J'arrivai chez moi, et je me jetai sur mon lit tout ha-
billé. Je n'ai pas su que d'autres que ceux que j'ai nom-
més aient participé à l'assassinat.

Après cette lecture, l'avocat-général prend la parole
et soutient l'accusation dans toutes ses parties. Examinant les principales objections que la défense peut opposer aux déclarations de Carrat, ce magistrat les réfute
et continue ainsi :

« Vous l'avez entendu, cet homme, Messieurs. Vous
avez vu les détails nombreux dans lesquels il est entré.
Ses déclarations écrites sont concordantes, sauf d'insi-
gnifiants détails, avec ses déclarations orales. Quelle
impression a-t-il produit sur vos âmes ?

« Déjà deux fois, toujours dans la même position légale, toujours à titre de renseignements, il a fourni des
déclarations. Il en a fourni dans la seconde procédure,
et un homme a été condamné aux travaux forcés à perpétuité, et cet homme, se réjouissant de cet arrêt, s'est
empressé de l'accepter comme une grâce ; il ne s'est pas
pourvu en cassation, et trois jours après il mangeait et
buvait avec Carrat qui avait fait ses révélations contre
lui. Dans la troisième procédure, Carrat présentait des
déclarations devenues le but de poursuites contre trois
nouveaux accusés, Cazelles, Solomiac et Ressegon, qui
ont été condamnés.

» N'est-ce pas là, Messieurs, une preuve déjà bien forte du fondement de ses déclarations, sauf à examiner la valeur de ses assertions ? On pourra dire que Carrat n'a pas fait condamner ces individus, que ce sont d'autres déclarations. Cela fût-il vrai, Messieurs, il n'en serait pas moins certain que , si Carrat n'avait pas parlé, ces hommes n'auraient point été condamnés ; que Carrat a dit la vérité : que, sans ses déclarations, la justice n'aurait pas atteint les coupables. »

Le défenseur de Favre, dit *Mina*, prend la parole. Arrivé à cette partie des déclarations de Carrat , où il dit que s'il n'a pas dénoncé plus tôt Mina, c'est par pitié pour lui, le défenseur s'écrie :

« De la pitié, Carrat !... En avait-il l'infâme , quand il plongeait la maison Coutaud dans un massacre immense ! en avait-il quand , sur le banc des accusés, succombant, malgré toute son astuce , sous le poids des charges qui l'accablaient , changeant tout-à-coup de système, sachant assassiner, mais ne sachant pas mourir, il laissa tomber de sa bouche impure de lâches révélations qui firent rouler sur l'échafaud les têtes de Salabert et de l'infortuné Ginestet !... de Ginestet son ami ! de Ginestet jusque-là vertueux et que Carrat seul avait poussé au crime !... de la pitié, Carrat !... ah ! autant vaudrait dire que les rochers ont une âme et les tigres un cœur ! »

L'avocat de Castel fils, dit *le Rouge*, repousse en ces termes les révélations de Carrat :

« Vous verrez, Messieurs les jurés, dans l'acte d'accusation, et il est écrit à chaque page, un nom dont personne n'envie la dégoûtante immortalité. Ce nom, pierre angulaire de l'accusation, quel est-il ? le dirai-je ! c'est celui d'un de ces êtres pervers qui, à peine échappés à l'enfance, exercent au mal leurs facultés naissantes ; ce nom est celui d'un de ces hommes impurs qui, préludant à l'assassinat par beaucoup d'autres crimes, comptent presque leurs années de vie par leurs années de détention. Ce nom est celui d'un de ces malfaiteurs dont le front orgueilleux cherche à se relever à mesure que leur flétrissure grandit. Ce nom, car il faut le nommer, est celui de… Carrat.

« Ah ! Carrat ! meurtrier des Coutaud : il est donc vrai que par des révélations aussi meurtrières qu'elles ont été tardives, tu as économisé ta tête aux dépens de quatre autres ; il est donc vrai que de nouvelles révélations ont amené sur ce banc sept autres accusés. Continue, Carrat, aie bon courage ! Marche toujours ; l'intérêt est ton guide. Ou plutôt non, le temps d'arrêt est venu, et l'heure a peut-être sonné, à laquelle, pour toi, au nom d'assassin va se marier celui d'infâme menteur. »

Un autre avocat prend la parole pour l'accusé Larroque, et dans une chaleureuse péroraison il termine en disant aux jurés. « N'oubliez pas les dernières paroles de Cazelles sur l'échafaud : Méfiez-vous de Carrat ! »

Le défenseur de Castel père, après avoir fait connaître la bonne conduite de son client, discute les contradictions sans nombre des déclarations de Carrat. Il termine ainsi :

Il ne sera pas vrai que ce vieux militaire ait échappé aux hasards de nombreux combats et affronté si souvent la mort sur le champ de bataille, pour qu'il lui soit réservé de périr sur un échafaud, et sur la parole du plus lâche des assassins ! Il ne sera pas vrai que, sur une pareille preuve, ce brave doive être livré aux rigueurs impitoyables de la loi, car rien ne saurait commander à votre conviction ce lugubre sacrifice !

Le défenseur d'Astruc représente cet accusé comme un malheureux en lutte, depuis sa naissance, avec une triste fatalité. Il aborde la discussion des preuves de culpabilité invoquées contre son client, preuves qui se réduisent aux déclarations de Carrat ; et avec une émotion partagée par plus d'un auditeur, il s'écrie :

Astruc est là, et j'ai parlé pour lui. Mais maintenant, vous, condamnez Astruc, et écoutez Carrat ricaner d'un rire de Satan, tout fier de vous avoir trompés, s'écrier dans sa joie infernale : Et eux aussi ils sont des assassins !...

Condamnez Astruc, et allez dire dans vos familles : Parmi les accusés était un homme... un homme que protégeaient cinquante ans de probité la mieux établie, la plus constamment soutenue, contre lequel ne s'élevait aucun témoignage ; un homme que tous ses concitoyens auraient absous à notre place ; mais parce qu'il fut dépouillé par celui qui aurait dû le nourrir, mais parce qu'il fut trahi, abandonné de celle qui lui avait juré sa foi et devait être son soutien , mais parce qu'il était infirme et incapable de pourvoir à une subsistance brillante , mais parce qu'il était pauvre, mais parce qu'il était malheureux, nous l'avons jeté au bourreau.

Mais je me trompe ; vous direz plutôt à mon client : Allez , retournez parmi les hommes ; allez-y vivre comme vous avez toujours vécu. Souvenez-vous de vos souffrances pour devenir meilleur , et si le malheur vous poursuit encore, n'oubliez pas que la vertu est autant et bien plus respectable sous les haillons que sous des lambris dorés, et que l'œil et l'estime de l'honnête homme savent la distinguer partout. Messieurs, tel sera votre langage, que résumera votre verdict, je l'espère.

Le défenseur de la femme Espaillac aborde de front l'accusation ; il combat toutes les charges de l'accusation, il discute ensuite la question de complicité, il établit les principes en matière de complicité légale et les caractères que doit avoir cette complicité pour être punissable, et termine ainsi :

« Voilà, Messieurs, la défense des Espaillac : il n'existe pas contre eux des preuves de complicité légale, et vous devez les absoudre.

Me Dugabé, défenseur d'Espaillac, prend à son tour la parole; principalement chargé d'attaquer les déclarations de Carrat et d'Anne Julia, il commence par celles de Carrat, et se demande quel est cet homme.

Cet homme, dit-il, que quatre condamnations ont flétri, sans que la vengeance de la loi fût satisfaite et que la société fût rassurée, cet homme se présente aujourd'hui et, infâme qu'il était, qu'il est, il se présente en témoin digne de confiance, et l'échafaud qu'il a tant mérité est pour lui un trépied sur lequel il rend ses oracles.

Vous le savez, MM., un homme, et c'est le dernier, a payé de sa tête sa participation au crime commis sur les Coutaud. Le jour où vos prédécesseurs prononcèrent du haut de leur conscience le mot fatal qui lui arrachait la vie, sur ce banc eut lieu une de ces scènes horribles qui saisissent l'homme au cœur, et quel qu'il soit, le bouleversent dans son existence. Cazelles, en entendant ces mots, s'écrie : Dieu du ciel, la mort ! et je suis innocent ! A l'instant cette pensée le foudroie, il tombe aux pieds de ses juges en qui il avait espéré, et ces mêmes jurés, ceux-là qui venaient de le condamner, avant de quitter la place, épouvantés qu'ils sont de sa protestation énergique, rédigent un recours en grâce qui n'a pas eu de suite, qui n'a pas eu de résultat, et Cazelles, arrivé sur l'échafaud, au moment solennel où une minute le sépare de l'éternité, s'adresse au peuple et lui dit : Je meurs innocent du crime pour lequel j'ai été condamné, et Carrat est un infâme, défiez-vous de lui. Et à l'instant continuant cette pieuse résolution à la voix du prêtre, il ajoute : Et pourtant je pardonne à Carrat ! Si tout cela est vrai, et personne ici ne pourrait le contester, que ferez-vous, Messieurs, vous à qui la société a confié la redoutable mission de donner à ces hommes ou la vie ou la mort ; que ferez-vous ?

« Vous voilà en présence de deux révélateurs ; l'un dont la vie fut un forfait non interrompu, et qui a acheté son infâme existence par ses révélations ; l'autre que vous ne pouvez voir qu'en évoquant son ombre. Si c'est du fond du tombeau que sa voix vous arrive, et que, se plaçant à côté de Carrat l'infâme, Cazelles mort dans les sentiments de piété que vous savez, vienne dire à votre barre : « Carrat est un infâme, et devant la justice et devant vous, » je le répète, que ferez-vous, Messieurs les jurés ? Narrateur de faits, je vous dis les derniers moments de la vie de Cazelles ; à vous de les méditer ! Voyez devant vous l'échafaud et la tête de Cazelles qui roule encore en murmurant : Je suis innocent devant Dieu et devant les hommes ! Et prononcez.

M. l'avocat-général prend la parole pour répliquer. Il commence par repousser toutes les attaques dont les déclarations de Carrat et d'Anne Julia ont été l'objet ; il explique les contradictions que la défense a signalées dans ces déclarations. Arrivant aux charges relatives à chaque accusé, il les reproduit avec force et une énergique concision.

« J'ai fini ma tâche, dit-ce magistrat en terminant. J'étais condamné, pour la quatrième fois, à venir me traîner dans le sang, dans les horreurs d'un épouvantable crime. Quoique membre du ministère public, je dis, à l'exemple d'un grand homme, qu'il vaut mieux qu'un coupable soit acquitté, que de punir un innocent. Mais n'est-ce rien, Messieurs, que le salut du

coupable? et le juré qui, convaincu de sa culpabilité,
lance dans la société un criminel, n'est-il pas responsable devant les victimes de ses nouveaux crimes? n'est-
il pas responsable devant Dieu d'un verdict qui a donné
aux hommes, qu'une condamnation première aurait dû
atteindre, les moyens de mériter d'autres condamnations?

Eh ! Messieurs, la loi ne regarde pas à l'âge des victimes, ni à leur rang, ni au mérite individuel ; et quant
à la justice en matière criminelle, comme partout ailleurs,
l'égalité est le caractère essentiel, l'attribut fondamental
de cette justice. Or l'égalité veut que ceux qui ont eu
une communauté de crime, aient aussi une communauté de peine. »

M. le président résume les charges de l'accusation et
les moyens de défense. Les questions sur lesquelles
MM. les jurés avaient à délibérer, étaient au nombre
de vingt-deux. D'après leurs déclarations, Fabre dit
Mina, Castel dit *le Rouge*, Larroque dit *Rossignol* et
Elizabeth Gazagnes femme Espaillac, sont déclarés coupables du vol commis chez Coutaud avec toutes les
circonstances aggravantes ; Pierre-Rose Espaillac est
déclaré coupable du même crime, avec des circonstances atténuantes. Castel dit *Rest* et Astruc sont déclarés non coupables. En conséquence de cette déclaration,
Mina, le Rouge, Rossignol et la femme Espaillac sont
condamnés aux travaux forcés à perpétuité, Espaillac
à quinze années de la même peine, et tous les cinq à
l'exposition publique. Rest et Astruc sont acquittés.

En entendant l'arrêt, aucun condamné n'a manifesté la moindre émotion.

———————

Le cinquième épisode de cette épouvantable affaire ramena, en 1837 devant le jury, dix-sept nouveaux accusés de complicité dans l'assassinat des époux Coutaud et de Marie Gardès, leur servante. Avant de retracer ces nouveaux débats, résumons les quatre premiers procès évacués par quatre arrêts successifs.

Le 25 janvier 1834, on trouva dans la maison de Dominique Coutaud, à Gaillac, le cadavre de ce vieillard, celui de Marie Fonvieille sa femme, et celui de Marie Gardès, leur servante, criblés de blessures, en tout 53, la plupart mortelles et faites avec trois sortes d'instruments de forme différente. Les assassins, après être entrés dans le jardin, avaient escaladé le toit dont l'extrémité est fort basse de ce côté, et ils s'étaient introduits dans la maison par une lucarne du galetas, habituellement ouverte; une brèche faite à une cloison leur avait donné le moyen de pénétrer dans la chambre des femmes qui y furent égorgées. De là ils étaient entrés dans la chambre de Coutaud, séparée de la première par un corridor, et ce malheureux, frappé d'abord dans la chambre, fut achevé dans ce corridor où il gisait près de l'escalier. Une grande quantité de numéraire en or et en argent, des bijoux et divers autres effets mobiliers avaient été enlevés par les assassins. On découvrit, le même jour 25 janvier, sur une meule de paille, dans un hangar de la métairie de

Pouille, à une demi-lieue de Gaillac, des cartons ensanglantés, remplis d'objets appartenant à la femme Coutaud.

Salabert, Ginestet et Dalbys dit Carrat furent condamnés à la peine de mort, et les deux femmes, Anne
Julia et Anne Dalbys, épouse Antoine, furent acquittées
de l'accusation de complicité de vol par recélé. Des trois
condamnés, Dalbys dit Carrat obtint seul une commutation de peine qu'il dut à des révélations faites avant la
clôture des débats.

Ces révélations, progressivement étendues à plusieurs
individus, servirent de base aux poursuites qui se suc-
cédèrent. Dans la deuxième affaire, il y eut condamnation d'Estève aux travaux forcés à perpétuité et acquittement de Reilles, son co-accusé. Dans la troisième,
Cazelles fut condamné à la peine de mort qu'il a subie;
Bougnol à 15 ans de travaux forcés; et Solomiac, à 10
ans.

Enfin, dans le quatrième procès, sur sept accusés,
deux furent acquittés : Castel père et Astruc ; la peine
des travaux forcés à perpétuité fut infligée à Castel
fils, à Fabre dit *Mina*, à Larroque dit *Rossignol*, et à la
femme Espaillac dont le mari fut condamné à 15 ans de
travaux forcés.

Un si grand nombre de condamnations démontrait
l'existence, dans Gaillac, d'une bande de malfaiteurs
organisée, et expliquait les entreprises criminelles dont
cette ville avait été souvent le théâtre ; néanmoins, on
ne connaissait pas encore tous les membres de l'associa-

tion, tous les auteurs ou complices du crime commis dans la nuit du 24 au 25 janvier.

Au commencement de mars 1836, Dalbys-Carrat, dont la véracité avait été si bien établie par les arrêts intervenus, désigna six autres personnes ; peu à peu il en ajouta d'autres encore ; Solomiac et la femme Espaillac firent aussi des révélations qui concordaient avec les siennes ; on connut par un homme qui avait été le camarade de lit de Cazelles, les confidences de cet autre condamné ; enfin, Anne Julia, servante des mariés Espaillac, a rapporté une foule de faits qu'elle avait vus elle-même ou qu'elle tenait de plusieurs des coupables. Tous ces éléments, fortifiés par d'autres preuves que l'instruction a fournies, établirent la culpabilité des dix-sept accusés nouveaux.

Quatre cents témoins ont été entendus dans l'information, et aux débats qui ont nécessité plusieurs audiences. M. le président, dans la direction de ces pénibles débats, a fait preuve de la plus admirable impartialité, en rappelant les moyens de la défense avec plus d'étendue peut-être que ceux de l'accusation. Les questions que le jury avait à résoudre étaient au nombre de 54. Pendant la dernière audience les accusés n'avaient rien perdu de leur tranquillité. Tous, à l'exception de deux, furent déclarés coupables.

A la lecture de la déclaration du jury, un tumulte effroyable éclata sur le banc des accusés ; des cris de fureur et de désespoir se font entendre ; les uns se lèvent et protestent de leur innocence ; les autres, ne pouvant résister aux violentes émotions qui les agitent, tombent évanouis. Enfin, la cour, aprèsavoir délibéré, rendit un arrêt qui condamna Darles aux travaux forcés à perpétuité ; Gayrel dit *Souel,* dit le *bandit,* à quinze ans de travaux forcés ; Tahou à douze ans de la même peine ; Vialar dit *Requista,* à quinze ans de la même peine ; la femme Bossu à dix ans de travaux forcés ; la femme Dios à dix ans de réclusion ; Loubat à huit ans de la même peine ; Chaynes à six ans de la même peine ; Portal, dit *Mathalo,* à six ans de la même peine ; Rouquan à huit ans de la même peine ; la femme Amaré, Fabre dit *Fricou,* et Cathala à cinq ans de prison.

Les accusés frappés par la déclaration du jury, se livrèrent dans leur prison à des actes de désespoir tenant de la démence ; deux d'entre eux se sont dévoré les mains.

AFFAIRE DITE D'ARNAVE.

Horrible assassinat.

Troisième procès. — Interrogatoire.

COUR D'ASSISES DE L'ARIÉGE (Foix).

Pour la troisième fois, en moins de deux ans, cette affaire qui, par la position sociale de quelques-uns des accusés rappelait la mémorable affaire Fualdès, vint occuper l'attention publique et le jury de l'Ariège.

Dans l'après-midi du 28 juin 1835, Pierre Durand,

dit *Fargayré*, ancien forgeur, retiré dans la commune d'Arnave, fut trouvé pendu dans sa demeure. Bien que la mort ne remontât pas au-delà de quatre jours, le cadavre était, dans sa partie supérieure, réduit à l'état de squelette. Des chats s'étaient introduits par une fenêtre, et toutes les masses charnues de la partie antérieure de la face, depuis le cuir chevelu du cou, jusqu'à la partie antérieure de la poitrine, avaient été enlevées jusqu'aux os, à tel point qu'on voyait l'intérieur de la poitrine à travers l'espace compris entre les clavicules et la colonne vertébrale et à travers l'intervalle des côtes jusqu'à la cinquième.

Les recherches auxquelles on se livra alors démontrèrent que le malheureux Durand était mort victime d'un assassinat.

La clameur publique accusa tout d'abord un certain Bernard Bernadac, dit Margaridot, et sa femme.

Ce Bernadac devait une somme de 300 fr. à Durand ; on savait aussi qu'ils ne vivaient pas très-bien ensemble, et des traces de sang, aperçues dans une armoire, parmi les effets et les papiers du défunt, semblaient indiquer que l'assassin avait eu pour but de satisfaire autre chose qu'un sentiment de vengeance. Une visite domiciliaire avait été faite dans la maison de Bernadac, mais il ne put représenter les vêtements qu'il portait habituellement. Enfin, interpellés s'ils avaient quelque connaissance du crime ou de ses auteurs, si, par suite de la position des lieux, qui leur permettait de tout

voir et de tout entendre, ils n'avaient pas quelques renseignements à fournir, Bernadac et sa femme avaient
constamment déclaré ne rien savoir. Incriminés par ces
indices que corroborait l'opinion, Bernadac fut arrêté
quelques jours après. Une instruction se poursuivit
contre sa femme et contre lui ; mais, par une exception
fort singulière, la première demeura libre et put communiquer journellement avec son complice.

On avait entendu déjà plusieurs témoins, lorsque
certains bruits répandus dans la contrée et parvenus
aux oreilles de M. le juge d'instruction engagèrent ce
magistrat à diriger la procédure dans un autre but.
Trois individus inculpés d'avoir trempé dans le crime,
comme auteurs ou comme complices, furent bientôt mis
en état d'arrestation. C'étaient les sieurs Michel et Paul
Turière, père et fils, et Arnaud Combes, dit *Comtois*.
Le premier, riche propriétaire d'Arnave et adjoint au
maire de cette commune, demeurait au hameau de Sé-
rou avec son fils Paul, âgé de 32 ans environ. Le second,
tailleur de pierre, était domicilié dans la commune de
Celle. Le jour présumé du crime, il avait placé des
dalles dans la maison des Turière. Cette circonstance et
quelques propos échappés à son bavardage attirèrent
sur lui l'attention publique ; personnellement il n'avait
pas intérêt à assassiner Durand qu'il ne connaissait pas
mais il était homme, disait-on, à se prêter aux vengean-
ces d'un autre. En même temps la rumeur du pays prê-
tait aux Turière des propos menaçants contre Durand.

Ce dernier, d'après les on dit, aurait été cause de la rupture d'un mariage fort avantageux que Turière fils devait conclure dans la commune de Lavelanet. C'en était assez pour allumer le courroux de ce jeune homme et celui de son père. De là, les soupçons dirigés contre les trois nouveaux prévenus, et qui motivèrent le mandat d'arrêt lancé contre eux.

Au milieu des indices contradictoires que la procédure lui fournissait, la chambre du conseil du tribunal de Foix crut devoir mettre en accusation les cinq individus dont nous venons de parler ; mais par son arrêt du 16 janvier 1836, la cour royale de Toulouse déclara qu'il n'y avait lieu à suivre contre les Turière et le Comtois, et renvoya seulement devant la cour d'assises de l'Ariége, Bernadac, Margaridot et sa femme. Condamné aux travaux forcés à perpétuité, Bernadac, le lendemain de son jugement, demanda à faire des révélations. Elles incriminaient les prévenus relaxés par la cour précitée ; aussi une instruction nouvelle fut-elle ordonnée ; les charges ayant paru suffisantes, on mit en accusation les Turière et le Comtois ; mais ce dernier seul comparut devant la cour d'assises au mois de septembre 1836. Après des débats extrêmement animés, le Comtois fut condamné aux travaux forcés à perpétuité.

Cependant il protesta toujours de son innocence, en maudissant Margaridot et sa femme qui l'avaient perdu, disait-il, par leurs mensongères révélations. C'est du reste le langage qu'il a toujours tenu, soit au bagne, soit dans

les divers lieux qu'il a parcourus lorsqu'il en fut extrait.
Avant cette époque, les Turière s'étaient cachés. Le fils
passa en Espagne où il servit dans les armées du préten-
dant; quant à Turière père, on savait qu'il n'avait pas
quitté le pays. Fatigué sans doute d'une vie misérable
et vagabonde, il voulut décidément y mettre un terme.
En conséquence, il s'est volontairement présenté pour
faire purger sa contumace.

L'accusation représentait cet homme comme l'insti-
gateur de l'assassinat de Durand Fargayre et elle avait
mandé du bagne les deux précédents condamnés, Bernadac, dit *Margaridot*, et Arnaud Combes, dit le
Comtois, pour les confronter avec Turière.

Le spectacle de deux forçats ramenés pour déposer,
dans le lieu même où ils ont été flétris; ce hideux costume, ces fers dont ils sont chargés, ces figures sombres
et amaigries par le travail et la douleur, tout, jusqu'aux
souvenirs de ce qu'étaient ces malheureux, rapprochés
de ce qu'ils sont en ce moment remuent, vivement les
cœurs même les plus indifférents.

Les portes du palais s'ouvrent au public. On remarque aux pieds de la cour un fusil de chasse, un couteau
espagnol et des draps de lit ensanglantés servant de pièces de conviction. Le plan en relief du hameau de Sé-
ron est exposé sur une table en face du banc des jurés.

Au bout de quelques instants l'accusé paraît escorté
de deux gendarmes. Il salue respectueusement les dames
au milieu desquelles il est obligé de passer pour arriver

à son banc. C'est un vieillard sexagénaire et d'assez bonne mine. Atteint de douleurs goutteuses il marche difficilement avec l'appui d'un bâton. Son costume est propre mais sans recherche, et ses cheveux blancs se cachent sous un bonnet en soie noire appelé dans le pays *clémentine*. A peine a-t-il pris place que tous les regards se portent sur lui. Cette curiosité dont il est l'objet ne paraît pas l'émouvoir. Quelques prises de tabac qu'il prend dans une belle tabatière en or, lui servent de distraction en attendant la cour.

Le greffier donne lecture de l'acte d'accusation et de l'arrêt de renvoi ; l'accusé prête une oreille attentive à cette lecture. Sans rien perdre de sa tranquillité apparente on voit cependant que sa figure s'anime par degrés. On passe immédiatement à l'audition des témoins, puis à l'interrogatoire de l'accusé, auquel, par égard pour ses infirmités, on permet de rester assis. Bientôt Turière père, reconnu coupable, est condamné aux travaux forcés à perpétuité, à raison de l'admission des circonstances atténuantes.

PROCÈS D'ANTOINE BUCHILLOT,

Docteur en médecine, accusé d'empoisonnement sur la personne de son beau-père et sur celle de la tante de sa femme : de nombreux faux en écriture authentique, de fabrication d'un faux diplôme et de fausses pièces pour obtenir la décoration de la Légion-d'Honneur.

COUR D'ASSISES D'ÉPINAL.

Antoine Buchillot vint s'établir comme médecin à Épinal, au mois de juin 1830. Accueilli avec faveur dans cette ville, il s'y créa rapidement une clientelle qui s'accrut bientôt encore à la suite de quelques succès obtenus dans la pratique de son art : toutefois, à mesure que la confiance publique s'attachait à lui, la défiance, au contraire, se manifestait chez les personnes qui, les premières, l'avaient admis dans leur intimité; au jeu il déployait une habileté que condamnaient la délicatesse, et d'un autre côté, il était arrivé avec une jeune femme présentée partout comme sa sœur, et l'on soupçonnait, d'après la nature de leurs rapports, que ce titre supposé cachait une liaison réprouvée par les mœurs. Au bout de quelques mois, il fit, dans l'intention de se marier, plusieurs démarches qui échouèrent, soit à raison de prétentions exagérées, soit à cause de l'irrégularité de sa conduite. Il porta alors des vues sur la plus jeune des filles du sieur Hyermette, ancien négociant, retiré des affaires avec une fortune considérable. Trois de ses filles avaient épousé des militaires honorables, et indépendamment d'une dot de 24,000 fr., chacune pouvait prétendre à une part considérable dans la succession de ses père et mère, et dans celle d'une tante, la dame veuve Rattaire. Buchillot sollicita cette union dont il obtint la conclusion le 3 mai 1831.

Le 5, le sieur Hyermette avait cessé de vivre ; quelques jours après, le 12, la dame Rattaire le suivait dans la tombe, et le 30 juin, la dame Hyermette succombait à son tour, comme son mari et sa belle-sœur, et après quelques heures d'une cruelle agonie, à un mal aussi terrible qu'imprévu : un cri d'indignation s'éleva contre Buchillot. On l'accusa hautement d'avoir hâté par le poison l'instant qui devait mettre à sa disposition toute la fortune à laquelle sa femme avait le droit de prétendre. Cependant par suite de diverses circonstances, ce ne fut que deux ans plus tard qu'eurent lieu des poursuites dont nous allons exposer les résultats. Mais avant d'entrer dans ces détails, il importe de jeter un coup d'œil rapide sur les antécédents de Buchillot.

Né à Saint-Pantaléon (Saône-et-Loire) le 9 janvier 1793, de cultivateurs aisés de cette commune, il fit ses études au collége d'Autun ; et il paraît que dès cette *époque il manifesta des intentions vicieuses.*

Le 2 janvier 1811, il s'enrôla volontairement dans le 13ᵉ régiment de chasseurs à cheval, et en sortit un an après pour infirmité, consistant dans la perte de l'usage de la dernière phalange du pouce de la main droite, ou plutôt, suivant les bruits qui coururent, il se serait blessé lui-même pour obtenir sa réforme. A cette époque, surpris un jour au moment où il volait une somme d'argent assez considérable dans le comptoir du sieur Mathis, limonadier, pour arrêter ses justes plaintes il lui souscrivit un billet de 90 francs.

En 1815, il fut envoyé en qualité de lieutenant des gardes nationales de Saône-et-Loire dans les environs de Belfort, et il fut encore soupçonné alors de divers actes d'improbité. Il reprit le cours de ses études médicales, de 1815 à 1820, et se fit recevoir officier de santé.

Buchillot avait, pendant qu'il habitait encore Autun, conçu une vive passion pour l'épouse d'un homme d'une position honorable ; l'union la plus intime s'était établie entre eux, et lorsqu'il alla à Paris, Jeanne Jouffroy quitta son mari et sa famille pour devenir jusqu'en 1830, sa compagne inséparable.

L'arrivée de cette femme à Paris imposa à l'accusé des besoins nouveaux auxquels ses ressources ne pouvaient suffire, et il eut recours, pour les satisfaire, aux moyens immoraux qu'il avait déjà si souvent employés.

En 1820, Buchillot quitta Paris pour aller se fixer avec cette femme à Dijon où il voulait exercer la profession de médecin. Mais au moment où il cherchait ainsi à se créer des titres à l'estime, de nouveaux méfaits appelaient encore sur lui l'attention de la justice ; une procédure fut dirigée contre lui, et le 22 mars 1822, il fut condamné, par défaut, à cinq ans de prison, 100 fr. d'amende et à cinq autres années sous la surveillance de la haute police.

Buchillot, pour échapper à une condamnation, s'était sauvé à Fribourg avec Jeanne Jouffroy, qu'il y fit passer, de même qu'à Dijon, pour sa femme. Pendant son séjour à Fribourg, des renseignements furent donnés sur l'illégitimité de ses liaisons avec Jeanne Jouffroy, et déterminèrent Buchillot à partir pour se rendre à Giromagny (Haut-Rhin), où il n'y avait alors aucun médecin, et o ù obtint des succès.

A Giromagny, comme partout où il avait résidé précédemment, journellement on s'apercevait dans les maisons qu'il fréquentait de la disparition de quelque objet ; l'état de l'opinion publique, par une dernière circonstance, devint menaçant.

Buchillot en fut averti, et quelques jours après, il disparut. D'après les imputations dont il était l'objet, Buchillot fut traduit à Bedfort, le 23 février 1827, devant le tribunal correctionnel, et il fut condamné à un an et un jour d'emprisonnement, 50 francs d'amende et à demeurer pendant cinq ans sous la surveillance de la haute police de l'état ; il interjeta appel de cette décision et obtint un acquittement.

Après avoir recouvré sa liberté par suite de cette décision, Buchillot alla rejoindre Jeanne Jouffroy à Châlons-sur-Saône ; il fit ensuite divers voyages et fut s'établir au mois d'avril 1828, à Villefranche, département du Rhône, où cette femme le rejoignit au mois de mai suivant.

Un nouveau méfait le força bientôt de fuir précipitamment de Villefranche, d'où il se rendit dans le grand-duché de Hesse-Darmstadt, là il se fait recevoir docteur en médecine, et revient immédiatement en France par Strasbourg, et se rend à Pont-à-Mousson, où il annonce l'intention d'exercer la médecine.

Instruit de l'impression défavorable que les relations qu'on lui supposait avec une fille nommée Boucaud avaient produite dans le public, Buchillot partit peu de temps après de Pont-à-Mousson, et vint enfin se fixer à Epinal, accompagné d'un enfant de sept ans, dont Jeanne Jouffroy était accouchée à Fribourg, en 1823, et d'Elisabeth Boucaud. Il les présenta l'un comme son neveu, et l'autre comme sa sœur, sous le titre d'épouse d'un sieur Theuriet qui, suivant eux, voyageait alors en Italie.

Elisabeth Boucaud, issue d'une famille qui jouissait à Villefranche de quelque considération, s'était affranchie de bonne heure de l'autorité de ses parents. Buchillot la connut pendant son séjour en cette ville et une union intime s'établit promptement entre eux ; Jeanne Jouffroy essaya vainement de s'y opposer ; elle se vit préférer sa rivale, et dut renoncer à l'espoir de l'emporter sur elle.

Buchillot, au commencement de son arrivée dans les Vosges, faillit devenir de nouveau l'objet des poursuites de la justice, par suite de plusieurs actes d'improbité, qu'il fallait attribuer, disait-il, non à un cœur corrompu, mais à une *ciphologie* dont le paroxisme le force à prendre et à cacher tous les objets de peu de valeur qu'il rencontrait.

Tels étaient les malheureux antécédents d'Antoine Buchillot et les faits qui servaient de base aux nombreux chefs d'accusation qui pesaient sur lui. Livré dès son enfance à ses funestes penchants, on l'a vu jusqu'alors devenir successivement, et à mesure que ses vices lui imposaient des besoins nouveaux, un escroc habile, un voleur audacieux. Parvenu à cet âge de la vie où les passions prennent un caractère plus sérieux et plus réfléchi, c'est à l'art du faussaire, c'est à l'empoisonnement qu'il va recourir désormais, pour satisfaire une soif ardente des distinctions, un violent désir de faire fortune que l'âge a développés en lui.

Ce sont les faits d'empoisonnement, que nous allons surtout retracer.

En annonçant à Épinal l'intention de se marier, l'accusé voulait, avait-il dit, que sa femme lui apportât de la fortune; il se décida, comme on le sait, à demander la main de la demoiselle Caroline Hyermette, dont la fortune avait de quoi le tenter. Une première démarche de sa part fut repoussée ; il insista et finit par inspirer une confiance tellement aveugle aux membres de cette malheureuse famille, que ce fut à lui qu'on s'adressa pour savoir à qui l'on demanderait des renseignements sur son compte et sur celui de ses parents. Il n'eut garde, comme on le peut penser, de parler du séjour qu'il avait fait à Dijon, à Belfort, à Villefranche, à Autun même, et dans tous les lieux où il avait voulu successivement se fixer ; il indiqua le maire et le curé de Saint-Pantaléon ; on leur écrivit et l'on s'en tint à leurs réponses, qui étaient loin cependant d'être satisfaisantes ; ils disaient que Buchillot avait cessé depuis longtemps d'habiter la commune et qu'il y était à peine connu.

C'est sous ces auspices que fut conclu le mariage dont on fixa la célébration au 3 mai. L'accusé fut considéré dès ce moment comme appartenant déjà à la famille ; et on l'engagea à user de tout son ascendant pour détermi · ner le sieur Hyermette à se laisser donner les soins que son état réclamait ; Buchillot objecta qu'il fallait y préparer le malade par des boissons.

Le sieur Hyermette consentit à se soumettre à un traitement, et quelque temps avant l'époque fixé pour le mariage de sa fille, il se décida à prendre tous les jours des boissons qui lui étaient préparées par Buchillot lui-même. Elles ne tardèrent pas à amener des résultats remarquables ; il se plaignit en effet d'éprouver fréquemment pendant la nuit un froid glacial et subit à chacun de ses membres, aux jambes surtout ; il avait bien été souvent malade, disait-il quelques jours seulement avant le 3 mai, à un voisin, mais jamais il n'avait rien eu de pareil à ce qu'il ressentait depuis peu ; il confiait à un autre qu'il était atteint d'un malaise extraordinaire, et à tous deux il leur annonçait qu'il ne vivrait pas longtemps, qu'il voyait bien qu'il était perdu.

Le jour du mariage, le sieur Hyermette avait partagé la gaîté qui signale d'ordinaire un événement de cette nature. Le lendemain, il disait que depuis longtemps il ne s'était aussi bien porté, et le même jour, vers cinq heures, au moment où toute la famille se trouvait réunie à table, il éprouva tout-à-coup un étourdissement des plus violents. Buchillot, questionné sur la nature de cet accident, annonça que c'était une attaque d'apoplexie. Il courut jusqu'à sa demeure pour chercher ses lancettes afin de pouvoir faire une saignée dans le cas où elle deviendrait nécessaire ; il alla aussi faire préparer chez un pharmacien une potion qu'il apporta lui-même. A onze heures, le malade éprouva un vomissement et retomba aussitôt dans l'état de somnolence où il se trouvait auparavant. Ses deux gendres s'étaient rendus tout de suite près de son lit ; lorsqu'ils furent rentrés dans l'appartement où ils veillaient, Buchillot dit qu'il se connaissait à ces sortes de maladies, qu'il en avait traité souvent dans les hôpitaux, et qu'il regardait le sieur Hyermette comme perdu. Il répéta plusieurs fois ce propos, et finit par dire qu'étant entré depuis peu dans la famille, il désirait qu'on appelât le docteur Garnier. On l'envoya

chercher sur-le-champ. Ce médecin, à son arrivée, parut persuadé que le malade était frappé d'apoplexie ;
cependant les renseignements que lui fournit l'accusé
sur la nature et le siége du mal, l'absence surtout de
toute paralysie, le firent ensuite changer d'opinion.
Quant à Buchillot, il soutint que c'était une congestion
cérébrale. On prescrivit les sangsues, qui furent appo-
sées immédiatement. Le docteur Garnier, en se retirant,
dit au sieur Hyermette que son indisposition ne serait
rien. Cependant les vomissements se succédaient avec
force ; Buchillot répétait que le malade était perdu, et
quand on lui objectait qu'on voyait des personnes échapper à une attaque, il répondait que la maladie était sans
remède, que ce n'était point une attaque, mais une congestion au cerveau.

Le lendemain matin, on continua l'emploi de différents remèdes, et, Buchillot administra dans la matinée
au malade un lavement qu'il avait préparé lui-même.
Vers midi le sieur Hyermette perdit connaissance, il eut
le râlement, puis tomba dans un état complet d'atonie ;
quelques pulsations du cœur furent les seuls signes de
vie qu'il donna jusqu'au moment de sa mort, qui eu
lieu à dix heures du soir. L'accusé resta seul près de lu,
dans les premiers moments de son agonie, se promenan
dans la chambre en poussant de fréquents soupirs. Le
lendemain il présida à tous les apprêts de l'inhumation
et deux témoins, qui venaient faire leurs compliments
de condo léance, furent étonnés de son calme ou plutô

de son indifference ; il leur dit « que la mort du sieur
« Hyermette ne lui faisait pas une bien grande peine,
« qu'il était depuis si peu de temps dans la famille,
« qu'il n'éprouvait pas pour ses membres beaucoup d'at-
« tachement. » Puis, changeant brusquement de conversation, il ajouta : « qu'aux choses tristes il s'en mê-
« lait toujours d'agréables ; qu'il venait de recevoir la
« nouvelle qu'il était présenté pour la décoration de la
« Légion d'Honneur. »

Cette mort si prompte et si imprévue plongea toute
la famille du sieur Hyermette dans le désespoir ; sa
veuve et sa sœur en furent affectées de manière à inspirer de graves inquiétudes : on craignit particulièrement
que la dernière ne fût atteinte d'aliénation mentale.
Buchillot lui prescrivit des soins, et le 9 mai il la saigna ;
il lui fit prendre des boissons qui, de même que celles
qu'il avait données au sieur Hyermette, produisirent un
effet immédiat et bien marqué. La dame Rattaire se
plaignit aussitôt de maux de tête violents, d'étourdisse-
ments, d'un malaise général, et elle eut des vomissements
souvent répétés.

C'était l'accusé qui préparait et administrait lui-
même, ainsi qu'il l'avait fait pour le sieur Hyermette,
toutes les boissons destinées à madame Rattaire. Il comprit enfin que des soins aussi minutieux de sa part devaient paraître surprenants et il chercha à les expliquer ; aussi disait-il : *Je ne comprends pas le caprice de
madame Rattaire, elle veut que je lui prépare ses*

tisanes, quand tout le monde de la famille le ferait aussi bien que moi. Ce jour-là la malade se trouva plus indisposée qu'elle ne l'avait été encore : elle se plaignait *d'éprouver un mal de tête singulier et d'être tout engourdie.* Elle avait de sinistres pressentiments : *Si demain vous apprenez que je suis morte,* répéta-t-elle à un témoin, *n'en soyez pas surpris.* Buchillot, dans le cours de cette journée, lui fit prendre des boissons à plusieurs reprises. Une domestique le vit une fois, après avoir versé de la tisane dans une tasse à la cuisine, passer dans un appartement voisin et y mêler quelque chose qu'il prit, à ce qu'elle croit, dans un papier. Les boissons avaient un goût désagréable, et c'était avec une répugnance marquée que madame Rattaire se décidait à les prendre; elles produisaient d'ailleurs sur elle un effet qu'elle ne pouvait s'expliquer. L'accusé lui en ayant apportées dans une tasse brune, et au moment où plusieurs personnes qui étaient venues la voir se trouvaient près de son lit, elle la prit avec une expression de dégoût bien marqué et lui dit en lui rendant la tasse : *La vilaine tasse ! Je vous en apporterai de nouveau vers six heures,* reprit-il aussitôt; *mais cette fois je prendrai de la porcelaine.* Dix minutes après, la malade, qui était jusque-là resté assise sur son séant, se coucha et dit en passant la main sur son front : « Cette tisane-là me fait toujours un singulier ef- « fet, elle m'embrouille la tête. » Un des caractères distinctifs de son indisposition était en effet un état presque continuel de somnolence.

Le lendemain, madame Rattaire, après avoir passé une nuit fort agitée, se trouva mieux, elle fit appeler une garde-malade, Marie-Rose Huc, pour lui administrer un lavement que Buchillot lui avait prescrit. Mme Rattaire dès qu'elle l'eut pris eut des envies de vomir, les maux de tête se renouvelèrent avec plus de force, elle s'assoupit en effet; mais bientôt sa garde s'aperçut que le sang se portait avec force à sa tête et à son cou; cette fille épouvantée courut dans l'appartement de Buchillot, qu'elle trouva occupé à lire un journal, elle lui fit part de ce qui se passait et retourna aussitôt auprès de la malade. S'apercevant au bout de quelques instants qu'il ne venait pas, elle alla l'appeler une seconde fois; il se décida alors à la suivre, s'approcha du lit de madame Rattaire, qui avait perdu connaissance, la secoua plusieurs fois en l'appelant, puis voyant qu'elle ne répondait pas : *Va te faire f.....*, s'écria-t-il, et il donna l'ordre d'aller chercher les docteurs Maury et Lamarche ainsi qu'un prêtre.

Le bruit de l'agonie de madame Rattaire se répandit promptement; chacun s'étonna hautement d'une mort aussi rapprochée que celle du sieur Hyermette; Buchillot objecta qu'elle n'avait rien de surprenant, que lui-même il avait perdu son grand-père et sa grand'mère dans l'espace de trois jours. Il se décida, sur les pressantes interpellations qu'on lui adressa, à poser quelques sangsues à la malade ; les médecins qu'il avait fait appeler arrivèrent, ils jugèrent qu'il n'y avait plus de ressource. Au râlement succéda, chez madame Rattaire.

de même que chez son frère, un état complet d'atonie à
la suite duquel elle expira, le même jour à midi.

Avant qu'elle n'eut rendu le dernier soupir, Buchillot proposa de l'ouvrir pour sa propre tranquillité, disait-
il, et pour celle de sa famille ; cette opération eut effectivement lieu le lendemain ; non seulement il y assista,
mais encore il y prit part ; et il disait à une domestique
qui s'étonnait de ce qu'elle appelait son courage, en le
voyant nettoyer ses mains et des instruments couverts de
sang : *Bah! j'en ai bien vu d'autres.* La tête seule du
cadavre fut explorée, un épanchement de sang considérable dans les ventricules et la périphérie du cerveau
dénotaient une apoplexie sanguine. Cette cause parut
suffisante pour avoir occasionné la mort, et on ne poussa
pas plus loin les recherches.

Buchillot, dans ces tristes circonstances, se montra
constamment préoccupé de soins et de pensées qui contrastaient d'une manière frappante avec la douleur de
chacun des membres de la famille. Avant que Mme
Rattaire ne mourût, il pressait l'orfèvre qui avait fourni
l'argenterie dont elle avait fait cadeau à sa femme, à
l'occasion de son mariage, de présenter son mémoire et
d'y faire figurer une pièce qu'il attendait encore. *On ne
savait pas,* lui disait-il, *ce qui pouvait arriver.* Mme
Rattaire avait voulu donner aussi à sa nièce une montre d'or, mais elle ne s'était pas arrangée pour le prix
avec l'horloger ; dès qu'elle fut morte, il se rendit chez
ce dernier et le sollicita, en lui recommandant le secret

sur sa démarche, d'aller trouver les membres de la famille et de leur dire que cette dame avait fait prix avec lui pour une des montres qu'elle avait vues. Le jour de la mort du sieur Hyermette et depuis encore, il ne rougit pas de faire les plus vives instances près de sa femme, pour en obtenir une donation de la nue-propriété de tous ses biens ; il alla jusqu'à proposer à Mme Hyermette, après le décès de son mari et de sa belle-sœur, de faire à ses enfants le partage de tout ce qu'elle possédait, moyennant une rente viagère.

Mme Hyermette, jusqu'à l'époque de la mort de son mari et de sa belle-sœur, avait joui d'une santé parfaite ; ces deux pertes lui causèrent un chagrin violent, et Buchillot lui ordonna quelques remèdes qu'il prépara encore lui-même, ainsi qu'il l'avait fait pour M. Hyermette et Mme Rattaire ; leur effet ne fut ni moins prompt ni moins sensible que celui qu'avaient produit sur ces derniers les boissons qui leur avaient été administrées. Ses forces s'affaiblirent de jour en jour ; son teint s'altéra, elle devint languissante, elle se plaignit surtout de l'estomac ; sur la fin du mois de mai, les accidents se multiplièrent ; elle eut des vomissements fréquents. Ses enfants, alarmés de son état, insistèrent près de Buchillot pour qu'il redoublât ses soins ; il leur dit qu'il n'y avait d'autres remèdes à la maladie que ceux du temps et des ménagements, qu'elle n'avait rien de grave et qu'elle céderait à l'emploi des calmants qu'il avait prescrits.

La mort de Mme Rattaire avait fait naître dans le pu-

blic des soupçons que l'état de sa belle-sœur ne faisait
que fortifier. Une femme respectable, la dame veuve
Brahaut, ne craignit pas de les exprimer à Mme Hyermette elle-même, qui en parut frappée; jusque là, elle
avait pris sans difficulté toutes les boissons que l'accusé
lui avait données, malgré le dégoût qu'elles lui causaient,
et quoiqu'elle eût remarqué qu'après les avoir bues,
elle ne pouvait plus, suivant ses propres expressions,
ni parler, ni remuer. Dans les derniers jours de son
existence, au contraire, elle ne voulut plus rien prendre que de la main de ses filles; l'une d'elles, dans l'a-
près-midi du 26, lui apporta un lait d'amandes qu'elle
ne put la déterminer à prendre qu'après en avoir cor-
rigé l'amertume à force de sucre; le lendemain, elle se
trouva plus mal. On remarqua que Buchillot, lorsqu'il
prépara ce breuvage, refusa avec obstination d'en donner à un enfant; et qu'il lava ensuite lui-même, et avec
le plus grand soin, le vase dont il s'était servi pour le
faire.

Une dame, amie de Mme Hyermette, vint la voir et
la trouva seule; un moment après, Buchillot entra et
engagea sa belle-mère à prendre un bouillon qui se
trouvait près d'elle; elle lui répondit d'un ton brusque
qu'elle n'en voulait pas; il insista, mais inutilement. *Le
monstre*, s'écria-t-elle, lorsqu'il fut sorti, *je ne peux plus
le souffrir, avant qu'il n'entrât dans la maison, j'avais
une bonne santé, et depuis qu'il y est, je l'ai perdue;*
puis prenant la main de la dame Cottard dans la sienne :

Vous verrez, ajouta-t-elle en pleurant, *que je ferai comme les deux autres*. Cette dame chercha à la tranquilliser : *Vous verrez, vous verrez, ma pauvre Cottard*, dit-elle encore, *que je suis une femme perdue*.

Sa position s'aggrava sensiblement le jour suivant; mais elle refusa tout ce qu'on put lui présenter, et ce ne fut qu'avec peine que le 29, on parvint à la décider à boire quelques verres de sirop de groseilles dans lesquels Buchillot fit mettre quatre à cinq gouttes d'une préparation d'opium qu'il avait envoyé chercher sur ordonnance chez un pharmacien ; elle fut toute l'aprèsmidi du même jour dans un état continuel d'assoupissement.

L'accusé, dans l'origine de la maladie, avait prescrit des lavements simples; quelque temps après, il avait dit qu'il fallait y ajouter de la magnésie, et se rendit à la cuisine pour composer ce médicament; sa femme l'y ayant suivi, il lui reprocha avec humeur de le suivre sans cesse ; elle s'éloigna, et lorsque, quelques instants plus tard, il remit le lavement, il affecta de dire que sa femme était près de lui lorsqu'il l'avait préparé ; Mme Hyermette le prit elle-même et s'endormit. Vers onze heures, la servante qui était près d'elle fut réveillée tout-à-coup par un râlement semblable à celui qu'avaient eu M. Hyermette et Mme Rattaire; elle courut appeler l'accusé, et n'osa plus retourner près de sa maîtresse. Buchillot se leva, vint à la cuisine, et sur le refus de cette fille de l'accompagner près du lit de Mme Hyermette, il fit éveiller une autre domestique et ne voulut s'introduire qu'avec elle dans sa chambre ; il en ressortit bientôt pour courir chez le docteur Maury, qui ne consentit à le suivre qu'autant que le docteur Pellicot serait appelé également ; Buchillot alla à l'instant prévenir ce dernier. Ces deux médecins trouvèrent la malade dans un état désespéré.

Les personnes qui arrivèrent successivement s'étonnèrent de trouver là l'ensevelisseuse, et de voir la chambre disposée comme si déjà Mme Hyermette avait cessé de vivre ; elle ne mourut qu'à cinq heures du soir et sans avoir donné d'autres signes de vie que quelques faibles battements de cœur.

Buchillot fit encore, pendant son agonie, la proposition de l'ouvrir ; c'était, disait-il, pour sa propre sûreté, et parce qu'il ne voulait pas s'exposer. Il convoqua, en effet, plusieurs médecins pour cette opération, qui eut lieu le lendemain, et jusqu'à ce qu'elle fût terminée, il montra un égarement et une impatience qui n'échappèrent pas aux membres de la famille ; il voulut y assister comme il l'avait fait pour Mme Rattaire, quoiqu'on lui eût fait observer que sa présence était inconvenante. Pendant tout le temps qu'elle dura il discuta avec les médecins et leur fit remarquer tout ce qui tendait à établir que la mort, ainsi qu'il le prétendait, avait été déterminée par une attaque d'apoplexie. Cinq à six onces d'un liquide vert-fauve trouvé dans l'estomac, parurent fixer l'attention des hommes de l'art. Il dit que ce liquide n'avait rien d'extraordinaire, et vida l'assiette qui le contenait dans un baquet disposé sous la table pour recevoir les débris de la dissection.

En se résumant, les médecins estimaient que les symptômes par eux observés pouvaient provenir d'un empoisonnement comme d'une maladie ordinaire ; que l'analyse des liquides trouvés dans l'estomac aurait pu seule leur fournir des éclaircissements certains, et que Buchillot ne la demandant pas, ils crurent ne pas devoir y procéder.

A la nouvelle de la mort de Mad. Hyermette, l'opinion publique se manifesta avec violence ; Buchillot, qui déjà au moment de son agonie, avait ouï une parente s'écrier devant lui : *Mon Dieu ! en voilà trois de suite ; sera-ce donc bientôt fini !* put entendre le lendemain, lorsque le convoi funèbre se mit en marche, des accusations plus précises encore contre lui ; il put se convaincre surtout, par l'empressement qu'on mettait à l'éviter, de toute la gravité des soupçons dont il était l'objet.

Dans la famille de sa femme, l'éloignement qu'il inspirait était, s'il est possible, plus prononcé encore ; on le fuyait, on refusait de manger avec lui.

En présence de l'indignation générale qu'il avait soulevée contre lui, Buchillot sentit qu'il lui était désormais impossible d'habiter Épinal, et il annonça l'intention de s'établir à Dôle ; mais des explications auxquelles des rapports avec sa prétendue sœur donnaient lieu au moment de son départ, vinrent déjouer tous ses projets ; il fut contraint de renoncer à emmener sa femme, qui portait déjà, avait-il annoncé, le germe de la maladie dont ses parents étaient morts, et n'avait plus que quelques mois à vivre. La fille Boucaud était revenue à Épinal immédiatement après le mariage de l'accusé ; elle y avait séjourné quelque temps dans la maison Hyermette, et s'était rendue ensuite à Plombières ; de là elle alla dans le département de Saône-et-Loire ; il la rejoignit et se fixa avec elle dans la commune de Saint-Désert, où il fut arrêté au mois de septembre 1833.

La cour d'assises des Vosges ayant été saisie des débats de l'affaire Buchillot, une session extraordinaire fut ouverte, à cet effet, le 30 juin 1834. Un vif mouvement de curiosité éclate à l'arrivée de Buchillot, accompagné de quatre gendarmes : c'est un homme de moyenne taille, ses cheveux sont blonds, inégalement séparés sur le front ; sa figure est pâle et sombre, son regard oblique et perçant, sa démarche embarrassée, après la lecture de l'arrêt de renvoi et de l'acte d'accusation pendant laquelle Buchillot garde constamment son mouchoir sur ses yeux, souvent il paraît pleurer, et surtout lorsqu'il est question des faits d'empoisonnements qui lui sont imputés.

Il explique ou il nie la plupart des faits nombreux de vols, de filouterie, d'escroquerie, qui lui sont imputés comme antécédents par l'acte d'accusation ; il prétend d'ailleurs qu'atteint dès son enfance d'une céphalalgie dont les paroxismes sont assez fréquents, il est alors invinciblement porté à commettre des petits vols dont il s'empresse, quand l'accès est passé, de restituer les objets.

Buchillot reconnait qu'il a sollicité la croix de la légion d'honneur par des pétitions qui reposent sur des faits *exagérés*.

Quant à la falsification de l'acte de naisssance de sa sœur pour l'appliquer à Élisabeth Boucaut, c'est une fable : mais ses intentions étaient bonnes, puisqu'il n'avait d'autre but que d'éviter les querelles de famille. Selon lui, les décès de M. Hyermyette, de Mad. Rattaire et de Mad. Hyermette sont une triste fatalité, mais s'expliquent d'ailleurs fort naturellement : M. Hyermiette avait déjà éprouvé une attaque d'apoplexie. Il n'est pas étonnant que les noces de sa fille aient déterminé une rechute.

Mme Rattaire était d'un caractère sanguin, et replète ; la mort de son frère l'affecta au point que l'on craignit qu'elle ne devint folle. L'apoplexie dont elle a été frappée est, dans ces circonstances, une chose toute naturelle.

Quant à Mme Hyermette, elle était atteinte depuis plusieurs années d'une gastro-entérite latente : tout annonce que sa mort a été le résultat du passage subit de sa maladie à l'état aigu, ce qui se voit souvent. L'autopsie de Mme Rattaire a prouvé qu'elle avait succombé en effet à une apoplexie.

Pour Mme Hyermette, l'autopsie a été plus décisive encore.

Il est vrai que Buchillot a ordonné quelques médicaments sédatifs ou adoucissants, et qu'il a bien pu préparer lui-même des lavements et des boissons aux malades ; mais sa position dans la famille lui commandait ces soins : s'il les eût négligés, on lui en ferait avec raison, un reproche.

Parmi les dépositions des nombreux témoins on remarque les suivantes. Vallet, propriétaire à Villefranche dépose sur le double usage d'un faux diplôme de docteur en médecine imputé à Buchillot.

Jeanne Jouffroy, femme Devoucaux, si long-temps la maitresse de l'accusé, si horriblement défigurée par la fille Boucaut, sa rivale, et dont l'accusé a semblé plus d'une fois repousser et craindre le témoignage, rend un témoignage dans le même sens. Elle affirme qu'après sa sortie de prison à Dijon, il alla à Paris, et revint sans diplôme ; qu'alors il en fabriqua un lui-même, et que malgré ses représentations, il produisit successivement son diplôme au préfet et à l'administration de l'hospice de Villefranche.

Plusieurs officiers qui se trouvaient en activité pendant les Cent jours déclarent, contrairement aux allégations de l'accusé, qu'il n'a jamais fait partie du corps qu'ils ont commandé, à cette époque ; d'autres reconnaissent que Buchillot fut incorporé dans le bataillon de Saône-et-Loire, mais que c'est faussement qu'il a parlé de ses blessures. Il résulte d'autres dépositions que l'accusé a fait usage d'un faux congé et de certificats mensongers à l'appui de ses démarches pour obtenir la décoration de la Légion-d'Honneur,

Interpellé par le président sur ces actes blâmables, Buchillot répond que, s'il n'a pas reçu toutes les blessures indiquées dans de faux certificats, il peut du moins en prouver quelques-unes.

Le procureur-général lui répond : On a bien, il est vrai, remarqué sur votre corps, quelques traces de blessures; mais ces blessures n'intéressaient que la peau, et n'étaient pas adhérentes et paraissaient produites par l'action superficielle de couteaux ou de canifs. Dailleurs, peu importent ces blessures : je ne sais pas comment vous les avez eues, mais il résulte des débats que ce n'est pas devant l'ennemi ; au 13e régiment de chasseurs, vous n'avez pas été blessé, dans la garde nationale vous ne l'avez pas été; dans les corps francs, vous ne trouvez pas un seul individu qui vous y ait même vu.

Les membres de la famille des trois victimes rappellent les circonstances dont ils furent témoins et qui viennent toutes confirmer l'accusation d'empoisonnement portée contre Buchillot; ils affirment que dans leur conviction intime cet homme a empoisonné leurs parents.

Sur la demande de l'accusé, M. le président donne l'ordre d'introduire les médecins, au nombre de sept, qui ont pris part au débat. L'accusé leur pose alors, par l'intermédiaire de M. le président, une série de questions assez nombreuses dont le but paraît être, d'une part, d'établir que les trois décès dont Buchillot est accusé, ont eu des causes naturelles ; de l'autre, que les symptômes de l'empoisonnement par les narcotiques n'ont pas existé. Ce débat, assez long et fort animé, vient aboutir à ce point sur lequel, chose rare ! les médecins sont tous d'accord : qu'il est également possible, sous le rapport scientifique, que l'empoisonnement ait eu lieu ou n'ait pas existé.

Buchillot, à qui le président déclare qu'il peut présenter ses observations, commence un discours dont l'exorde a pour objet de remercier son avocat et d'exprimer la confiance que la plaidoirie prononcée dans son intérêt a fait naître en lui ; il ajoute qu'il y a sans doute témérité de sa part à prendre la parole après son avocat dont la défense est par lui assimilée à l'arche sainte, à laquelle il est si dangereux de toucher ; mais il a annoncé devoir donner quelques éclaircissements sur les symptômes remarqués et sur les effets produits ordinairement par les narcotiques, et son silence pourrait être mal interprété ; il se permettra donc quelques réflexions.

Buchillot entre donc en matière, et avec un aplomb imperturbable, une présence d'esprit qui, chez lui, semblent ne faire que s'accroître, il se livre à une discussion médico-légale, dans laquelle il a soin, appréciant, dit-il, sa position, d'invoquer d'autres autorités que la sienne ; il s'efforce de présenter sous le jour le plus favorable à sa cause les inductions fournies par la science, et d'en faire l'application aux faits du procès.

L'accusé termine par une sorte de péroraison, dans laquelle, lui aussi, parle de la prévention et de ses dangers, et fait à ses juges un appel qu'il espère, dit-il, d'autant mieux voir favorablement accueilli, que jamais il ne fut un méchant, et que ses malheurs, l'éclat qu'a reçu et que doit recevoir encore ce funeste procès, l'ont décidé à s'expatrier et à aller au-delà des mers, finir son existence, si, comme il ose en conserver l'espérance il est rendu à la liberté.

Un léger murmure succède à cette allocution de Buchillot qui, du reste, s'est exprimé, comme dans tout le cours des débats, avec une facilité et une pureté de langage vraiment remarquables.

Après de courtes répliques de l'organe du ministère public et du défenseur et un résumé remarquable du président, les jurés se retirent.

Pendant la délibération, l'autorité, par une sage prévoyance, avait ordonné des recherches, tant sur la personne que dans le domicile l'accusé : au bout de quelques instants, on apporte un paquet qui, livré à des pharmaciens-chimistes pour être analysé, est bientôt reconnu contenir du réalgel ou sulfate d'arsenic. On annonce le retour du jury : sa déclaration, négative sur deux des douze questions relatives aux faux, et affirmative sur les dix autres, est aussi négative sur les trois questions principales, celles ayant rapport aux accusations d'empoisonnement.

Le procureur-général requiert vingt ans de travaux forcés et l'exposition. Le défenseur, sur l'interpellation du président, déclare qu'il n'a rien à objecter, que son désir eût été de pouvoir éviter l'exposition, dans l'intérêt de la famille de l'accusé plutôt que dans celui de l'accusé lui-même ; mais que la loi étant formelle, il ne peut que s'en rapporter à la cour. Buchillot, interpellé à son tour, répond avec brusquerie *qu'il parlera plus tard, que quant à présent, il n'a non plus rien à dire.*

La cour rend un arrêt conforme aux réquisitions du ministère public. L'accusé est condamné à vingt ans de travaux forcés, à l'exposition sur l'une des places d'E-pinal. On l'emmène ; et la foule s'écoule, chacun commentant à sa façon l'arrêt qui vient d'être prononcé, et dont les termes sont loin de satisfaire l'attente, et en quelque sorte l'exigence publiques.

Buchillot a exprimé la ferme volonté de ne pas se pourvoir, et il a subi l'exposition. L'arsenic trouvé dans sa chambre était destiné, dit-il, à hâter sa mort, et à lui épargner l'échafaud s'il eût été condamné à la peine capitale.

PROCÈS DE MADAME LAFFARGE.

Vol de diamants.

TRIBUNAL CORRECTIONNEL DE BRIVES (Juillet 1840).

Marie Capelle, veuve Lafarge, est petite-fille d'une

élève de Mme de Genlis, connue dans les mémoires de la célèbre romancière, sous le prénom d'Hermine, qui fut trouvée dans sa plus tendre enfance par Mme de Genlis, et dont les parents ont toujours été inconnus ; sa bienfaitrice la recueillit dans sa maison et la soigna avec le plus tendre intérêt. — Elevée avec Mlle de Genlis, depuis Mme de Valence, et douée de qualités brillantes, elle finit par épouser un M. C..., qui avait un emploi lucratif. — Ce mariage donna lieu à quatre enfants : Mme Garat, dont le mari est directeur de la banque de France ; Mme de Martens, épouse d'un ministre prussien en Portugal ; M. C... , jouissant d'une belle position ; et Mme Cappelle, mère de Mme Laffarge. M. Cappelle était colonel de génie de la vieille garde, distingué dans son arme et qui mourut jeune, laissant l'enfant, aujourd'hui si fatalement connu. Marie Cappelle reçut dans la maison paternelle l'éducation la plus complète, et tout ce qu'on a dit de plus laudatif sur ses facultés intellectuelles est conforme à la vérité. Le malheur voulut qu'elle devint trop tôt orpheline ; héritière d'une fortune modeste, 90 à 100,000 fr., elle perdit bientôt sa mère, et peu après son grand-père lui fut enlevé.

A l'égard de sa moralité, elle a été attaquée vivement en bien des occasions diverses ; il convient donc d'indiquer les griefs que l'on a énoncés contre elle.

Marie Cappelle, orpheline, avait retrouvé chez ses oncles et ses tantes, toute les joies, tout l'amour dont elle avait été entourée dans la maison paternelle. Elle était particulièrement reçue chez M. Garat, avec toute la familiarité de la parenté, de l'amitié la plus étroite. Elle avait, au surplus, droit à beaucoup d'égards par les agréments de son esprit, la douceur de son caractère et ses nombreux talents de société qui la faisaient chérir de tous ceux qui l'approchaient. Sans avoir une beauté régulière, sa figure avait une puissance d'expression, des lignes d'une pureté irréprochable, un front élevé, un teint un peu bilieux, mais relevé par des cheveux d'un noir de jais qui contrastaient assez avec la peau pour lui donner de la blancheur. Elle réunissait une taille élégante à des formes gracieuses et possédait le ton de la meilleure compagnie, l'organe plein de souplesse et de suavité. Elle avait surtout de forts beaux yeux noirs, environnés de sourcils épais, qui imprimaient à sa physionomie quelque chose de méditatif et d'intérieur dont la signification a été diversement interprêtée. En somme, Marie Cappelle n'était point un être vulgaire; c'était à coup sûr une organisation hors ligne à laquelle une destinée étrange était réservée.

Dans le cours de ses procès et sous le poids des inculpations les plus graves, des personnes de la plus haute considération ont encore attesté ses vertus et sa moralité; c'étaient, entre autres le curé de son village, qui, dans un langage naïf, est venu dévoiler sa charité envers les malheureux, tous les actes de bienfaisance dont il fut le confident, dont souvent même il a été l'instrument ; M. le marquis de Mornay, gendre du maréchal Soult, ami de son père ; Mme la comtesse de Montesquiou, l'une des personnes les plus recommandables du département de l'Aisne ; Mme la comtesse de Valence, belle-mère du maréchal Gérard, et le maréchal Gérard lui-même.

Cependant on a raconté que, pendant son séjour dans la maison de M. Garat, un billet de banque de 500 fr. ayant été soustrait au chef de la famille, des recherches furent faites, une dénonciation adressée à la police de sûreté de Paris. On fit subir à la domesticité de M. Garat toutes les épreuves ordinaires. Les domestiques échappèrent à toute inculpation. Force fut de reporter lès soupçons sur d'autres. De nouvelles investigations amenèrent la conviction que le vol devait être imputé à un membre de la famille, mais M. Garat fit cesser les poursuites.

Les relations de Marie Cappelle avec la famille de Nicolaï commencèrent en janvier 1836. Elles furent surtout inspirées par le vif intérêt que lui portait Mme de Montbreton, sœur aînée de Mlle Marie de Nicolaï. Pleine de talents, d'intelligence et de grâces séduisantes, Marie Capelle devait être accueillie partout où la grâce des manières, le charme de l'esprit et de l'instruction sont des titres à l'admission. Elle était reçue avec empressement et bonté chez Mme de Valence, qui habitait dans le voisinage du château de M. de Nicolaï. Il y avait entre elle et Mlle Marie de Nicolaï des rapports d'âge, de position sociale. On conçoit, en conséquence, qu'il était impossible qu'une intimité n'en fût pas la suite. Mlle de Nicolaï accueillit avec bienveillance et bientôt avec une vive amitié une jeune compagne de son âge que sa position d'orpheline rendait si intéressante ; elle s'empressa de la faire participer à tous ses délassements, à tous ses plaisirs de jeune fille, à lui procurer toutes les distractions qu'elle pouvait lui offrir.

Elles sortaient souvent ensemble, et quelquefois accompagnées de Mlle Delvaux, gouvernante de Mlle Nicolaï. Celle-ci se maria, en février 1838, avec le vicomte de Léautaud. Au mois de juin 1839, la famille de Léautaud se trouvait à son château de Busagny, près de Pontoise, Marie Capelle s'y trouvait aussi.

Un jour qu'un assez grand nombre de personnes se trouvaient réunies dans le salon de Mme de Leautaud, celle-ci fit voir l'écrin qui contenait les diamants qui lui avaient été donnés comme présent de noces. La parure passa de main en main, puis fut replacée dans l'écrin et reportée par Mme Leautaud dans un meuble de sa chambre à coucher. Plusieurs jours après, une discussion s'éleva entre quelques dames sur le mérite du diamant et du stras et sur la difficulté que pouvait présenter la comparaison. Mlle Marie Cappelle, qui était présente, proposa d'essayer cette comparaison, et présentant un bouton de stras qui ornait le fermoir d'un sac, elle demanda à Mme Leautaud ses diamants. L'écrin était vide. Mme de Leautaud pensa d'abord que cette disparition était le résultat de quelque plaisanterie, et aucune recherche ne fut faite sur le moment.

Le lendemain, cependant, les diamants n'avaient pas reparu ; on acquit alors la certitude qu'ils avaient été volés, et une plainte fut déposée au parquet de Pontoise. L'instruction commença, mais n'eut aucun résultat ; les domestiques attentivement surveillés, échappèrent à tout soupçon, et la coïncidence de ce vol avec celui commis antérieurement chez l'oncle de Mlle Cappelle, donna dès l'abord naissance à des conjectures qui furent bientôt repoussées.

Au mois d'août suivant, Marie Cappelle épousa M. Laffarge, et lorsque la catastrophe qui suivit ce mariage (1) fut dénoncée à l'autorité judiciaire, ces premiers soupçons se réveillèrent, et l'instruction commencée à Pontoise fut reprise à Brives et à Paris.

Parmi les circonstances qui se réunirent contre la prévenue, on observa que Marie Cappelle, peu de temps après la disparition des bijoux, aurait fait venir auprès d'elle un des domestiques contre lequel de graves soupçons paraissaient dirigés, et lui aurait dit que s'il était pour ce motif chassé de la maison, il n'aurait qu'à s'adresser à elle, et qu'il ne manquerait de rien.

---

(1) La mort de Laffarge, v. ci-après le procès d'empoisonnement.

Un autre fait, assez bizarre, fut aussi signalé. Mme de Montbreton, qui habite un château voisin de celui de Mme de Léautaud, s'occupait beaucoup de magnétisme, et elle avait cru s'apercevoir que Mlle Cappelle avait une disposition assez marquée à l'état de somnambulisme. Quelques épreuves parurent confirmer ces prévisions, et un jour que Mlle Cappelle était endormie, on lui demanda si elle pouvait dire ce qu'étaient devenus les diamants de Mme de Léautaud, où était le voleur? etc. Mlle Cappelle, qui était ou paraissait être dans un état complet de sommeil magnétique, répondit qu'en effet les diamants avaient été volés, mais qu'ils étaient bien loin, qu'elle ne pouvait les voir... Elle ajouta que la boîte n'était plus avec les diamants, qu'elle avait été jetée dans la fosse d'aisances du château.

Soit qu'on ne doutât pas de ce résultat magnétique, soit qu'on ne voulût rien négliger, pas même les indices les plus frivoles, pour arriver à la découverte de la vérité, on fit vider la fosse, mais il n'y fut rien trouvé.

L'instruction considéra que cette scène de somnambulisme avait été simulée par Marie Cappelle, dans le but d'égarer les soupçons. Elle consigna, en outre, de curieux détails sur les habitudes et le caractère de Marie Cappelle. Elle était douce, affable, bienfaisante ; son imagination vive et exaltée donnait à son esprit cultivé, une teinte romanesque, dont le charme était extrême. Au nombre de ses lectures favorites, se trouvaient les romans nouveaux, ceux surtout de George Sand.

Mais bientôt une perquisition faite au Glandier, qu'habitait Mme Laffarge depuis son mariage, et l'interrogatoire qu'on lui fit subir, vinrent fortifier de la manière la plus grave la prévention de vol.

Un grand nombre de diamants démontés furent trouvés au Glandier, renfermés dans une boîte qui portait le nom de Lecointe, bijoutier chez lequel avait été acheté l'écrin de Mme de Léautaud. Ces diamants, envoyés à Paris, ont été reconnus par M. Lecointe pour avoir fait partie de ceux par lui vendus à Mme de Léautaud, qui les a également reconnus. Ces diamants, au nombre de plus de cent cinquante, avaient été démontés un à un, et, suivant M. Lecointe, l'opération avait dû être de plus de deux heures pour chaque pierre.

Mme Laffarge, interrogée sur la possession de ces diamants, dont elle ne faisait aucun usage, a répondu qu'ils lui avaient été donnés par un de ses grands-oncles qui demeure à Toulouse. — Est-ce depuis son mariage?— Oui. — Quel est le nom de ce grand-oncle? — Elle ne se le rappelle pas. — Qui lui a remis ces bijoux, un courrier ou un conducteur de diligence? — Elle ne se e rappelle pas. — En quel lieu? — A Uzerches.

Dans un second interrogatoire, Mme Lafarge changea de système; interpellée de nouveau sur l'origine et la possession des diamants, elle fit aux questions du juge les réponses qu'on va lire :

D. Étant au château de Busagny, Mad. de Léautaud, montra en votre présence une parure en diamants qui fut volée le lendemain, n'est-ce pas vous qui avez pris cette parure?

R. Elle m'a été remise en dépôt, et voici à quelle occasion. En 1836, étant chez Mme de Valence, je me liai intimement avec Mlle de Nicolaï, un jour elle me raconta qu'elle était suivie partout, par un jeune homme qu'elle avait rencontré une première fois en omnibus, et dit qu'elle désirait beaucoup savoir son nom... J'appris qu'il s'appelait Clavet, qu'il s'occupait de littérature, était sans fortune, et appartenait à une honnête bourgeoisie. Je le rapportai à Mlle Nicolaï, et lui conseillai même, si le jeune homme lui convenait et si elle l'aimait, de l'épouser, en mettant de côté tous les préjugés de la noblesse. Dès ce moment-là, il s'engagea entre eux une liaison qui se borna à la correspondance, dont les différentes lettres passaient entre mes mains. « Au mois d'août 1836, elle m'écrivit de lui envoyer toutes les lettres qu'elle m'avait écrites, et dans lesquelles il était question de M. Clavet. Huit jours après, je les lui renvoyai toutes, à l'exception de quelques-unes, que je gardai, parce qu'elles me concernaient en partie. « Au mois de février 1838, Mlle de Nicolaï se maria à M. le vicomte de Léautaud. Au mois de mai suivant, j'allai à Paris ; je racontai à Madame de Léautaud que j'avais reçu une lettre de M. Clavet, datée d'Alger. Elle me dit qu'il n'était pas possible que M. Clavet fût à Alger, puisqu'elle l'avait vu quelques jours auparavant dans les chœurs de *Guillaume Tell*, à l'Opéra ; que c'était une trahison, et qu'elle me suppliait en grâce de ne pas lui répondre. Je le lui promis, en ajoutant cependant que je ne croirais pas qu'il fût à l'Opéra si je ne le voyais pas de mes propres yeux.

Au mois de décembre suivant, j'allai voir Mme de Léautaud, qui me dit qu'elle était desespérée, et qu'il lui fallait absolument de l'argent pour acheter le silence de M. Clavet, ne pouvant plus vivre dans cet état de crainte et d'incertitude. « Au mois de mai 1839, je fus à Busagny. Là, Mme de Léautaud me réitéra qu'il fallait absolument qu'elle trouvât de l'argent ; que les tourments continuels que lui faisait éprouver la crainte de l'indiscrétion de M. Clavet l'avaient tellement fatiguée, qu'elle avait été obligée de sevrer son enfant. Elle ajouta qu'elle connaissait un moyen, qu'elle avait des diamants, qu'elle avait envie de se les voler et de les vendre.

« Mlle de Beauvoir, sœur de sa belle-sœur, se mariait à deux ou 3 kilom. de Busagny ; comme il y avait beaucoup de monde réuni à l'occasion de ce mariage, Mme de Léautaud voulut absolument faire dater de ce moment la disparition des diamants. Pour qu'on ne pût en accuser les domestiques de la maison, il fut convenu entre nous que le dimanche, sous un prétexte quelconque, elle descendrait son écrin dans le salon. Tout le monde, après qu'elle les eut montrés, alla à la promenade. La plupart des domestiques étaient sortis, les uns pour aller à vêpres, les autres pour aller à Pontoise. Nous mimes les diamants sur une table ronde dans le salon, au rez-de-chaussée, dont les fenêtres donnaient d'un côté sur la cour, qui est un endroit de passage, et de l'autre sur le jardin, dont les portes étaient ouvertes. Ils furent ainsi placés et restèrent abandonnés depuis midi jusqu'à trois heures que Mme de Léautaud remonta l'écrin dans le tiroir d'une table qui est dans sa chambre, auquel tiroir elle laissa la clé pendant tout le temps que dura la noce, afin de laisser une chance de plus à la fable du vol. Trois ou quatre jours après, elle me remit les diamants, et pour qu'on sût indirectement qu'ils avaient été volés, nous formâmes le projet de les comparer à trois boutons de stras que j'avais à l'enveloppe de mon livre de messe. Ce fut alors que M. de Léautaud s'aperçut qu'ils avaient disparu. A cette découverte, tout le monde fut désespéré. M. de Léautaud crut qu'ils avaient été volés par quelqu'un de la maison, et dit qu'il irait le lendemain à Pontoise faire sa déposition à la justice. Je dis à Mme de Léautaud que la peur l'emportait sur le dévouement et qu'elle devait reprendre ses diamants. Elle me pria en grâce de les garder, et je ne m'y décidai qu'à la condition qu'elle m'aiderait à les démonter, afin qu'on pût les cacher plus facilement. Elle y consentit. Nous allâmes dans une chambre où, nous étant enfermées en dedans, nous les démontâmes avec un canif et des ciseaux. Nous n'avions pas encore fini que la cloche du dîner sonna. Nous fûmes obligées de nous habiller. Comme les morceaux étaient petits et qu'ils pouvaient facilement se cacher, nous les mîmes dans un sachet de satin-cerise ouaté. Le lendemain matin, les gendarmes de Pontoise, qui avaient été avertis de cette soustraction par M. de Nicolaï, vinrent pour faire la recherche des diamants dans les chambres de tous les domestiques, et je fus si effrayée de cette visite que je priai Mme de Léautaud de ne pas quitter ma chambre pendant tout le temps qu'elle aurait lieu, parce que si les gendarmes entraient en son absence je n'aurais la force de rien cacher.

« Ce même jour, un des domestiques étant plus particulièrement soupçonné et entendant qu'il pleurait dans la chambre de Marie Serva, ma femme de chambre, j'allai le consoler, et je lui dis que si par cas on le renvoyait, il n'avait qu'à s'adresser à moi, que je ferais tout ce que je pourrais pour lui rendre service.

« Quelques jours après, je voulus rendre les diamants à Mme de Léautaud, qui me supplia de les garder jusqu'à ce que l'affaire fût assoupie. J'y consentis, et j'emportai le sachet à Paris.

« Je me mariai sur ces entrefaites, et ma nouvelle position me mettant mieux à même de rendre service à Mme de Léautaud, j'emportai de son consentement ces diamants au Glandier, étant convenue avec elle que quand elle voudrait que je les vendisse, elle en parlerait à un M. Lecointe, bijoutier à Paris, qui en connaissait la valeur, et que j'en parlerais en attendant à mon mari comme d'un dépôt qui m'avait été confié, sans faire connaître le nom de la personne, ni l'emploi qu'on en voulait faire.

D. Pourquoi interrogée une première fois sur ces diamants, avez-vous dit que vous les teniez d'on oncle que vous aviez à Toulouse?

R. J'étais liée par un serment vis-à-vis de Mme de Léautaud; craignant de nuire à sa réputation, je n'ai pas voulu dire la vérité.

D. N'avez-vous pas disposé d'une partie de ces diamants et perles?

R. Mme de Léautaud me devait 180 fr. depuis décembre 1838. Cette dame me donna deux perles formes poire qu'elle estimait à la valeur de la somme que je lui avais prêtée.

D. Mme de Léautaud vous avait-elle dit que le sieur Clavet voulait qu'on achetât son silence avec de l'argent.

R. Elle me le donna à entendre lorsque je lui dis qu'elle ferait mieux d'en appeler à sa délicatesse et à ses sentiments d'honneur; elle me dit qu'elle n'avait pas d'autre moyen que celui de l'argent.

D. Ce que vous venez de raconter au sujet de ces diamants a-t-il été dicté par la vérité, ou n'est-ce pas une fable que vous inventez pour vous affranchir de la responsabilité que fait peser sur vous la possession de ces diamants?

R. C'est la vérité, et je suis fâchée que des scrupules mal entendus m'aient empêchée de la dire plus tôt.

D. Il est possible qu'avant son mariage Mlle de Nicolaï

ait reçu indirectement des soins que ne justifiait pas la
personne qui en était l'objet ; mais il serait odieux de
votre part de vouloir profiter de cette circonstance pour
vous justifier d'un délit grave que vous auriez commis,
en supposant à Mme de Léautaud une conduite que re-
poussent tout à la fois la délicatesse et l'honneur.

R. J'espère que toute ma vie est une garantie de ce
que je dis. Je n'ai jamais fait une bassesse, et j'attends
avec impatience le jour de la justice comme une répa-
ration.

D. N'avez-vous pas fait faire des démarches auprès
de M. et de Mme de Léautaud pour les engager à ne
pas reconnaître les diamants dont il s'agit ?

R. Aucune démarche n'a été faite par mes ordres,
et j'ai fait dire par MM. Bach et Lachaux, mes avocats,
à toute la famille Léautaud et Nicolaï réunie que je ne
pouvais pas me sacrifier plus longtemps au silence de
Mme de Léautaud et que je les prévenais que j'allais
dire toute la vérité à ma famille et à la justice.

Pour l'intelligence de la partie de la déposition de
Mme Laffarge où il est question de M. Clavet, il est
indispensable de dire que Mme Laffarge avait su par
Mme de Léautaud que celle-ci avait cru reconnaître le
jeune Clavet dans les chœurs de l'Opéra. Des informa-
tions prises à Paris firent effectivement connaître qu'il
existait dans le corps des choristes de l'académie royale
de Musique un honnête musicien de ce nom, mais qui
jamais de près ni de loin n'avait connu Mlle de Nicolaï,

ni Mlle Marie Cappelle. Depuis, l'instruction a fait connaître que le sieur Clavet, qui s'était épris d'une vive passion pour Mlle Nicolaï, après avoir longtemps demeuré en Algérie, était parti pour le Mexique. Deux documents recueillis par l'instruction ont fait convenablement apprécier la nature de l'affection toute respectueuse, toute contemplative qu'il avait conçue pour Mlle de Nicolaï, et son caractère personnel, dont le système de défense tendait à attaquer l'honneur, par la déclaration qu'il aurait mis son silence à prix.

Le premier de ces documents est une lettre de lui, recueillie par l'instruction et qui remonte à l'époque où Mlles de Nicolaï et Cappelle paraissaient s'amuser entre elles de la passion du jeune poète.

Cette lettre est adressée par Clavet à Marie Cappelle, et se termine ainsi.

« Elle m'a défendu de le voir, dites-moi, *Mariquitta*, si je dois m'en tenir à cette défense. Je voudrais seulement, le dimanche, aller entendre la messe sous les mêmes voûtes qu'elle, et y puiser un peu de consolation pour huit jours de travaux que j'emploierai à sa gloire. »

Le second document consistait dans la déposition d'un témoin assigné pour l'audience, ami intime de M. Clavet, M. Delaperrière, étudiant en droit dans laquelle il rendit compte des confidences qu'il reçut de Clavet, son ami, relativement à la passion brûlante qu'il avait, disait-il, conçue pour Mlle de Nicolaï.

« Sa manière de s'exprimer, dit-il, toujours généreuse, chevaleresque, doit détourner de lui toute accusation, tout soupçon d'une action qui de sa part n'eût pas été honorable. Au mois d'avril 1837, j'allai en Afrique, et je passai six mois avec Clavet. Il ne me parla plus de ses anciennes amours, ou, s'il m'en parla, il ne le fit que de la manière la plus indifférente du monde.

« Je puis attester que Clavet est homme d'honneur par excellence, incapable d'avoir recours à de honteux moyens pour se procurer de l'argent, surtout auprès d'une femme, et j'ai appris avec un profond étonnement qu'on avait pu lui prêter de semblables idées. »

C'est de ce M. Clavet que Mme Laffarge requit l'audition. Sa déposition n'eût pu que jeter sur les débats un nouvel intérêt de plus ; mais la justice en présence de l'impossibilité d'avoir son témoignage, a cru devoir passer outre et se contenter de la déclaration de M. Delaperrière, qui sera entendu aux débats.

Depuis son nouveau système de défense, Mme Laffarge avait fait auprès de Mme de Léautaud des tentatives pour l'amener par la prière à ne pas démentir l'explication donnée par elle sur la possession des diamants et sur l'emploi qu'elle prétend avoir été chargée d'en faire. Mme la vicomtesse de Léautaud, interrogée à ce sujet par M. le juge d'instruction, a répondu en ces termes :

« Je reçus une lettre de M. Bach, qui me demandait une entrevue particulière. M. de Léautaud fit répondre à M. Bach qu'il pouvait se présenter le lendemain matin. Il fut reçu par M. de Léautaud, qui le conduisit chez mon père, où je me trouvais. M. Bach fut fort embarrassé lorsque je le priai de s'expliquer devant mon père et mon mari. Il insista pour me voir seule. Il parla de position délicate, de quelques lettres que Mme Laffarge avait entre les mains qui expliquaient comment elle avait des diamants en sa possession. Enfin, comme il paraissait désirer que M. de Léautand se retirât, celui-ci se mit à rire et lui dit : « Allons, monsieur, il s'agit d'un amant, n'est-il pas vrai ? Vous voyez, je vous devine ; vous pouvez parler. » M. Bach, n'ayant pas voulu expliquer lui-même le système de Mme Laffarge, sortit de sa poche une lettre de celle-ci qui m'était adressée, et qui contenait tout son roman.

La lettre de Mme Laffarge à Mme de Léautaud, dont M. Bach était porteur et dont il est ici question offrait un résumé des principaux moyens d'explication et de défense. Elle était ainsi conçue :

« Marie,

« Que Dieu ne vous rende pas tout le mal que vous m'avez fait ! Hélas, je vous sais bonne ; mais vous êtes faible. Vous vous êtes dit que, condamnée pour un crime atroce, je pouvais aussi subir une accusation infâme. Je me suis tue : j'ai remis à votre honneur le soin de mon honneur ! Vous n'avez pas parlé.

« Le jour de la justice est arrivé. Marie ! au nom de votre conscience, de votre passé, sauvez-moi ! Sans doute il est mal de tendre la main à la reconnaissance ; mais il est des positions qui ordonnent dans le cœur l'oubli, et je ne sais pour quel front est la rougeur.

« Voici les faits, vous ne sauriez les nier. Lorsque je vous connus, bientôt je vous aimai, et je devins bientôt la confidente d'une intrigue commencée à Saint-Philippe, continuée dans une correspondance qui passait par mes mains, achevée à Busagny en mon absence. « Vous découvrîtes bientôt que ce bel Espagnol n'avait ni famille ni fortune, vous lui défendîtes de vous aimer, après avoir été chercher son amour (Voir ci-après une lettre de Clavet à Mlle Capelle), et pour en finir, vous avez recommencé un autre amour, d'autres lettres, qui vous ont fait épouser M. de Léautaud. « Je reçus plusieurs lettres de l'abandonné qui vous accusait et demandait vengeance. Bientôt vous le vîtes, et sous prétexte de faire faire votre portrait vous avez trouvé moyen de le calmer. « Cependant cette position devenait intolérable ; il fallait l'éloigner : il fallait pour cela de l'argent. Alors quand je fus à Busagny, vous me confiâtes tout, et me trouvant un mari dans la personne de M. Delvaux, vous fîtes tous vos efforts pour me convaincre de l'épouser. Il fut convenu que vous me confieriez vos diamants, afin que je vous *prête* dessus ou que j'essaie de les vendre pour payer les termes de la pension convenue.

« Le mariage ne s'arrangea pas ; mais vous me laissâtes les diamants, et comme je craignais qu'on ne les

découvrît dans la visite que l'on fit, nous les avons démontés ensemble et cousus dans un sachet. « Lors de
mon mariage, je conservai ces malheureux diamants, et
quand approcha le mois de janvier pour le paiement, je
vous écrivis que j'avais confié à mon mari le dépôt que
vous aviez déposé entre mes mains ; que je n'avais pas
d'argent à vous prêter, mais que vous parleriez à Lecointre, que nous vendrions les bijoux et les placerions
sur la forge à 10 pour 100, avantage pour vous.

« Tous mes chagrins m'ont empêchée depuis de
m'étonner de votre silence ; puis, Marie, je croyais en
vous : oh ! faites que je retrouve mon amie !

« Conduisez-vous noblement : pour ma famille, pour
mes amis, je ne puis me taire. Aussi me sauver, c'est
aussi vous sauver. Je suis obligée de confier ce que je
vous dis à mon avocat. Tous ces faits seront connus ;
vous savez que j'ai les preuves entre les mains : les voici
ces preuves :

« Les lettres écrites par vous et par *lui*. Vos lettres à
moi. Le secret que vous me demandez, qu'une fois je
vous ai gardé au risque de me brouiller avec ma tante
Garrat. La lettre dans laquelle vous me dites qu'il chantait dans les chœurs de l'Opéra, qui fera comprendre
que l'on peut payer un silence, et qu'il est des positions
où on spécule sur l'honneur d'une femme. Ensuite les
lettres qu'il m'écrivit après votre mariage, vous savez.....
la tristesse si bien commentée qui suivit votre mariage.
La précipitation et le secret que vous y avez mis, crai-

gnant opposition. Votre triste état de santé causé par le tourment et cessé aussitôt le silence acheté et après mon départ de Busagny. Voulez-vous d'autres preuves pour moi ? Le secret de ce dépôt confié à mon mari et dont je lui ai parlé dans une de mes lettres en lui disant de les vendre. Le soin que j'ai de les lui faire vendre chez Lecointre, que je sais votre bijoutier et chargé par votre mari de découvrir les diamants volés, mais dans lequel aussi vous me dites avoir toute confiance et vouloir prévenir avant la vente. J'ai la lettre écrite à mon mari et le timbre de la poste fait foi.

« Mais pourquoi continuer, pourquoi ne pas parler seulement à votre cœur et à votre conscience ? Voudriez-vous avoir ma mort à vous reprocher ! Oh ! je ne survivrai pas à un doute ; je saurai mourir ; mais devant le prêtre qui me déliera de mes péchés, devant mes amis, devant le Christ, je dirai que je meurs votre victime, que je suis innocente, que je veux la réhabilitation pour mon tombeau, pour ma mémoire, que je léguerai au cœur de tous mes amis. Quand je serai morte, Marie, on me plaindra, on me vengera ; votre faiblesse sera un crime et un déshonneur.

« Il n'y a qu'une chose à faire maintenant : il faut reconnaître par un billet signé de votre main, daté du mois de juin, que vous déclarez m'avoir confié vos diamants en dépôt avec autorisation de les vendre si je le jugeais convenable. Cela arrêtera l'affaire. Vous expliquerez ainsi que vous l'entendrez votre conduite à votre mari, et toutes vos lettres vous seront renvoyées, et le plus profond secret garantira votre honneur et votre repos.

« Adieu! Croyez-le bien , Marie , pour vous sauver j'ai été martyre deux mois. Vous m'avez oubliée. Je pourrais vous donner ma vie , mais ma réputation , le cœur de mes amis, l'honneur de mes sœurs..... Jamais! »

Tels étaient les principaux faits qui motivèrent le renvoi de Mme Laffarge devant le tribunal correctionnel de Brives comme prévenue de soustraction des diamants de Mme de Léautaud. Mme Laffarge, à la fois poursuivie pour un délit de vol et pour un crime d'empoisonnement dans la personne de son mari, sentait bien que l'influence du débat qui allait s'ouvrir pourrait avoir quelque chose de grave sur l'affaire criminelle, que sa défense n'aurait pas toute sa liberté, ni la franchise de ses allures, que dans une affaire où les rôles s'intervertissaient en quelque sorte , où de la position d'accusée elle devait prendre celle d'accusatrice, il fallait qu'elle pût se présenter libre de toute préoccupation, dégagée de toute inquiétude, et que cela ne pouvait être que lorsque l'affaire la plus grave aurait été vidée devant le jury.

En conséquence, elle fit demander par ses avocats qu'il ne fût statué sur l'affaire soumise au tribunal qu'après qu'il aurait été statué sur le procès criminel. Mais le tribunal ayant repoussé cette demande par des motifs puisés dans le Code d'instruction criminelle, Mme

Laffarge fit défaut, etc. C'est dans cet état que le tribunal prononça , le 15 juillet , contre elle le jugement
qu'on va lire, et qui complète tous les divers détails du
premier procès.

En voici les principales dispositions :

JUGEMENT.

» Attendu que ces bijoux ayant été représentés à la
dame Laffarge, elle a déclaré qu'ils lui appartenaient, que
les diamants lui avaient été remis par un oncle de Toulouse, etc. , que tandis que ces diamants étaient au
Glandier, M. Laffarge ayant exprimé le désir d'avoir un
diamant pour couper du verre, Marie Cappelle alla chercher un sachet en satin ouaté, et en retira un grand
nombre de diamants qu'elle dit provenir de son père,
qui les lui avait laissés à l'insu et à l'exclusion de sa
sœur.

» Attendu que Marie Cappelle, veuve Laffarge, ayant
été interrogée de nouveau sur les diamants, a fini par
avouer qu'ils appartenaient à madame de Léautaud
comme ayant fait partie de la parure qui faisait l'objet
des investigations de la justice ; mais elle a ajouté qu'elle
ne les avait point volés , et qu'ils lui avaient été remis à
titre de dépôt, etc.

» Attendu, à cet égard, qu'une foule de circonstances
se réunissent pour démontrer l'invraisemblance et l'ab-
surdité de ce système de défense ; entre autres :

Cette étrange lettre écrite par madame Laffarge à madame de Léautaud, et qui lui a été remise en présence de son père.

« Dans cette lettre, la dame Laffarge entre ainsi en matière : « *Voici les faits, vous ne saul iez les nier.* » Si le vol a été concerté entre elle et madame de Léautaud, pourquoi lui rappeler des faits qui ne sont pas bien anciens, qu'elle doit connaitre tout aussi bien qu'elle, et qu'elle ne peut ni ne doit avoir oubliés. La dame Laffarge dit plus bas : « Votre triste état de santé causé par le tourment et cessé aussitôt le silence acheté, après mon départ de Busagny. » Comment le silence avait-il été acheté, puisque la parure en diamants n'a jamais été vendue ? Avec quels moyens avait-on donc acheté ce silence ? Enfin la dame Laffarge s'exprime dans cette lettre d'une manière affectueuse envers mad. de Léautaud ; elle lui dit de venir l'aimer encore et la sauver. Et cependant si elle eût été innocente, c'est un tout autre langage qu'elle aurait dû tenir ; c'est une vertueuse indignation qu'elle eût dû faire parler ; ce n'était plus une amie qu'elle devait adjurer, c'est une femme coupable qu'elle devait accuser ; car, suivant l'expression énergique dont on s'est si heureusement servi, elle aurait commis sur sa personne un homicide moral ;

Attendu que de tous les faits, de toutes les circonstances, il résulte clairement et évidemment que Marie Cappelle, veuve Laffarge, s'est rendue coupable du vol de diamants qui lui est imputé ; que le prétendu dépôt dont elle a parlé ne repose que sur son allégation , n'est étayé sur aucune preuve, sur aucun adminicule de preuve ; qu'il est au contraire repoussé par une foule de circonstances et considérations, et notamment par celles de la position sociale qu'occupe madame de Léautaud, de l'éducation qu'elle a reçue , du nom qu'elle porte et des nobles traditions qu'elle a recueillies dans sa famille ;

» Attendu que, si un vol commis par une personne aussi bien née, aussi bien élevée et autant au dessus du besoin que Marie Cappelle, est d'une grande gravité, il devient encore plus coupable par le système de défense qu'elle a adopté, système qui aurait pu , pour un grand nombre d'esprits crédules et superficiels, entacher la réputation de madame de Léautaud, et compromettre son repos et son bonheur pour toujours, si la vérité ne s'était pas fait jour et si la justice n'était pas venue la couvrir de son égide ;

» Par ces motifs, le tribunal, donnant défaut contre Marie Cappelle, veuve Lafarge, la déclare atteinte et convaincue d'avoir soustrait frauduleusement une parure en diamants appartenant à madame de Léautaud, etc. (1).

» La condamne à deux ans d'emprisonnement ;

---

(1) Mad. de Léautaud s'était rendue partie civile.

DEUXIÈME PROCÈS.

Empoisonnement.

A l'époque où Marie Cappelle avait soustrait les diamants de Mad. de Léautaud avec assez d'adresse pour ne pas être sur le champ reconnue l'auteur du vol, Charles Laffarge maître de forges au Glandier (Corréze), marié une première fois, et devenu veuf, se rendit à Paris au mois d'août 1839 pour chercher dans un nouveau mariage des ressources dont il avait un pressant besoin. Un député de son département fut prié par lui de lui faciliter des relations avec une personne sur qui M. Laffarge avait des vues. Ce député employa l'intervention de M. Garat, son ami. Mais ce dernier, au lieu de songer à la personne indiquée, parla de sa propre nièce au député, qui, connaissant la fortune de Mlle Cappelle, accueillit avec empressement une proposition en apparence aussi avantageuse au jeune provincial. On termina tout en quinze jours ; et, chose notable ! la famille de la future fut la plus pressée d'en finir. Elle exigea même un prompt départ des nouveaux époux pour Glandier.

M. Laffarge avait fait des frais d'imagination sur sa fortune personnelle, sur les charmes de sa retraite de Glandier, sur l'union de sa famille et la noblesse de sa parenté. Il était d'une humeur joviale et d'un cœur chaud ; mais les rêveries de la vie contemplative lui étaient fort étrangères. Il était purement industriel, point vaporeux ni poète, et l'exaltation des sentiments n'était pas son fait. Sa nouvelle compagne semblait appartenir à une autre sphère. Rien de commun entre deux êtres destinés à passer ensemble dans un désert une existence qui, d'après leur constitution, avait des chances de durée... Dès les premiers pas faits hors de la capitale, Marie Cappelle tombe dans une profonde mélancolie. Après avoir vécu de cette vie brillante et voluptueuse qui vous berce dans les mille et mille enchantements de l'or, des honneurs et de l'adulation ; au milieu de cette féerie qui règne au sommet de la société, de cette harmonie inexprimable qui se compose de fortune, de jeunesse, de grâces, d'esprit et de santé ; avoir été entourée de toutes les séductions qui enivrent un cœur ardent, un esprit délicat, un amour-propre de femme qui cultive les lettres et brûle d'être sans cesse admirée, de subjuguer par la fascination de la supériorité intellectuelle jointe à tant d'autres avantages, et venir à Glandier enfouir tous ses trésors..... à Glandier ! solitude profonde située dans la partie la plus sauvage du bas Limousin, où des cénobites avaient placé leur hermitage comme pour s'imposer les privations de leur état, avec un mari qui n'était point doué de ce sixième sens qu'on appelle poésie ! Quelle transition ! quel abîme ! quelle source inépuisable de désespoir !... La jeune épouse laissa germer dans sa tête de feu ses idées fatales, et le malheur la brisa.

Quant à Charles Laffarge, il était dans la joie et se promettait le plus heureux avenir ; mais ses illusions durèrent bien peu. A peine Marie Cappelle avait pénétré dans la demeure de sa nouvelle famille que tout-à-coup une scène affligeante eut lieu, et cette femme, se renfermant dans l'appartement qui lui était destiné, écrivit à son mari une lettre étrange où le dévergondage de la pensée ne le cède qu'au cynisme des expressions avec lesquelles, s'y flétrissant elle-même, elle révèle à son époux toutes les mauvaises passions dont elle est agitée(1).

Ainsi s'évanouissaient tous les rêves de bonheur d'une malheureuse famille ! Quel parti prendre ? On appelle quelques amis, on leur confie les chagrins dont on était dévoré, et on reçoit d'eux le conseil d'essayer, par de bons procédés, des soins, des témoignages d'affection, de surmonter cette mauvaise nature et de ramener cette femme à des sentiments meilleurs. Ces conseils furent suivis, et bientôt il sembla que Marie Cappelle n'avait plus le même éloignement pour son mari ; bien-

---

(1) Il est présumable que cette lettre renfermait beaucoup de choses, notamment *le Charles de son cœur* qui est un être de raison, imaginé pour déterminer son mari à une séparation volontaire ; on a même prétendu qu'après plusieurs mois de mariage, Mad. Laffarge était encore dans l'état où les mœurs les plus austères auraient pu la maintenir.

tôt même elle parut avoir pour lui une vive amitié. Ce changement si prompt excita bien quelque surprise : on fut peu disposé à croire à la sincérité de ces nouveaux sentiments.

Cependant Laffarge s'était empressé de confier à sa femme ses secrets, et de l'initier à la connaissance de ses affaires ; il avait pris plaisir à l'entretenir de ses projets et de ses espérances pour l'avenir ; il lui avait révélé qu'il avait fait une découverte importante pour la fabrication du fer, découverte qui, dans sa pensée, devait lui procurer des bénéfices énormes. Marie Cappelle en fut vivement préoccupée ; elle douta d'abord ; mais bientôt, et elle le dit aussi dans la même lettre, elle fut convaincue des avantages immenses de l'application de ce procédé nouveau. Ce fut alors, et au milieu de ces brillantes espérances, que s'accomplit un fait important à signaler. Un jour l'accusée parut éprouver une indisposition assez grave ; son mari s'empressa de lui prodiguer les soins les plus affectueux. Elle en parut touchée et reconnaissante, à ce point qu'elle manifesta l'intention de faire un testament en sa faveur. A son tour Laffarge se hâta de lui donner la même preuve d'amitié. Il lui remit un testament par lequel il disposait envers elle de tout ce qu'il laisserait à son décès. Aussitôt Marie Cappelle transmit cette pièce à M. Legros, notaire à Soissons. Ce fait s'accomplit le 28 octobre 1839. Dès lors l'accusée ne songe plus qu'à donner la mort à celui qui l'environnait ainsi des témoignages de son affection.

La découverte dont Laffarge l'avait entretenue ne pouvait être utilisée qu'à deux conditions : il lui fallait obtenir un brevet d'invention et se procurer les capitaux nécessaires au développement de son industrie. Mu par cette pensée, Laffarge partit pour Paris au milieu du mois de novembre; il n'en revint que le 3 janvier pour expirer, le 14, victime d'un horrible empoisonnement.

Pendant son séjour à Paris, la correspondance la plus tendre s'établit entre les époux. Chaque jour apportait à Marie Cappelle une lettre ; elle-même adressait à son mari des lettres pleines des expressions de l'amour le plus passionné. Elle lui peignait tout son chagrin d'être éloignée de lui ; elle appelait de ses vœux le moment où devait cesser cette douloureuse séparation. En même temps elle l'entretenait avec soin de l'objet de son voyage ; elle lui indiquait les démarches à faire pour obtenir les résultats qu'il s'en était promis ; elle le pressait d'agir, et se montrait impatiente d'obtenir ce brevet qu'il était allé solliciter.

Cette correspondance fut continuée dans ces termes jusque vers le milieu du mois de décembre. A cette époque il devint certain que Laffarge allait obtenir le brevet tant désiré, et auquel on attachait de si magnifiques espérances. Ce fut alors que Marie Cappelle pensa que le moment était venu d'accomplir son horrible projet.

Le 15 décembre, sous le prétexte de détruire les rats qui l'incommodaient, elle fit acheter de l'arsenic chez le sieur Eyssartier, pharmacien à Userches A la même époque, elle exprima le désir d'envoyer son portrait à son mari ; elle voulut aussi lui envoyer des gâteaux faits au Glandier. Ils devaient être préparés par sa belle-mère, qui n'hésita pas à se prêter à cette singulière fantaisie. Ces gâteaux furent faits, retirés du four et portés dans la chambre de Marie Cappelle. Celle-ci plaça dans une caisse divers objets et notamment son portrait, une montre, des souliers, de la musique, des marrons et d'autres choses encore. Enfin elle dut y placer, dans une petite boîte séparée, quelques-uns des gâteaux que sa belle-mère avait préparés. Elle a affirmé qu'elle y avait mis au moins quatre de ces gâteaux qu'on appelle choux, et qui sont d'une très petite dimension. La caisse faite fut transportée, le soir même, par un domestique à Uzerches, d'où elle devait être transportée, à Paris par la diligence du lendemain. Il est remarquable que Marie Cappelle exprima à sa belle-mère le désir qu'un billet écrit de sa main, et par lequel elle annonçait à son fils que c'était elle-même qui avait fait les gâteaux, fût mis dans la caisse ; ce qui eut lieu. Cependant Marie Cappelle avait annoncé à son mari l'envoi de son portrait et des gâteaux. La lettre qu'elle lui adressa n'a pas été retrouvée; mais la justice a saisi deux lettres écrites par Laffarge et dans lesquelles il en est question. On y trouve la preuve des étranges recommandations qu'elle faisait à son mari relativement à ces gâteaux.

Ainsi il en résulte qu'elle lui recommandait de manger ce *délicieux gâteau*, le 18 au soir, à minuit, annonçant qu'elle-même, le même jour et à la même heure, ferait au Glandier un repas semblable, et s'unirait ainsi à lui par une pensée commune en l'accomplissement d'un fait identique. Elle ajoutait qu'il ne devrait en faire part à aucune autre personne qu'à sa sœur, qui alors était enceinte et absente de Paris, puisque aucune des nombreuses lettres de Laffarge ne constate qu'elle s'y trouvait. Tels furent ce fait étrange et les circonstances extraordinaires dont il fut environné.

Cependant le 18 décembre, Laffarge, impatient, se rend au bureau des messageries, et, après quelques difficultés, à neuf heures du soir environ, la caisse lui est remise, et il l'emporte à son hôtel. Le hasard a voulu que Laffarge n'ouvrit pas lui-même cette caisse ; il en confia le soin au domestique de l'hôtel, qui en retira avec précaution et un à un tous les objets qu'elle contenait.

Cet homme, qui a été entendu plusieurs fois, a constamment déclaré, avec les détails les plus minutieux, quels étaient les objets trouvés dans cette caisse, et toujours il a affirmé que la petite boîte qui y était placée ne contenait qu'un seul gâteau d'une forme ronde, ayant six ou sept pouces de circonférence, deux ou trois pouces d'épaisseur, large, a-t-il dit, comme une petite assiette, et d'une couleur dorée. Il a remarqué que la croûte des bords était dure, tandis que celle du dessous était molle, ce qui lui fit présumer que l'intérieur était de la même nature. Il a ajouté que non seulement il avait touché, examiné ce gâteau lorsqu'il le retira de la boîte et le débarrassa du papier dont il était enveloppé, mais encore qu'il resta sur une commode, que lui-même le plaça dans une armoire, où il est demeuré jusqu'au départ de Laffarge, époque à laquelle il le jeta dans les balayures de l'hôtel. Il a dit encore que, s'il y avait eu plusieurs gâteaux, nécessairement il les aurait vus, et enfin qu'il ne fut pas excité le moins du monde à en manger, soit avant, soit après le départ de Laffarge.

Telle a été la déposition précise, circonstanciée, souvent répétée et toujours persévérante de ce témoin. Elle est en contradiction manifeste avec les déclarations de l'accusée, qui a constamment soutenu qu'elle n'avait envoyé à Paris que quelques-uns des tout petits gâteaux que sa belle-mère avait préparés. Le témoin a ajouté que Laffarge, au moment où le gâteau fut retiré de la caisse, brisa un très petit morceau de la croûte, et le mangea en disant : *C'est ma femme qui m'envoie cela.* Ces faits s'accomplirent dans la soirée du 18 décembre. Les feuilles des messageries constatent que c'est bien ce jour-là que la caisse arriva et fut remise à Laffarge.

Cependant Laffarge, resté seul, éprouva pendant toute la nuit du 18 au 19 des coliques et des vomissements fréquents. Il fut très-souffrant, et garda le lit pendant toute la journée du lendemain. La date certaine de cette indisposition est établie par les livres de l'hôtel, qui prouvent que ce fut bien ce jour-là, 19 décembre, que lui furent fournies quelques boissons, telle que du thé et de la limonade cuite. Il est certain aussi qu'elle n'eut lieu qu'après la réception de la caisse ; car le domestique remarqua que pendant qu'il était au lit, Laffarge tenait sans cesse à la main le portrait de sa femme.

A son lit de mort, et dans les derniers instants de son agonie, le malheureux a raconté au médecin Lespinas l'envoi du gâteau et son indisposition, de telle sorte que ce médecin comprit que le premier de ces faits avait dû précéder l'autre.

Pendant que ces faits extraordinaires s'accomplissaient à Paris, Marie Cappelle exprimait au Glandier des craintes singulières et de bien étranges préoccupations. Une lettre de son mari lui avait appris qu'il éprouvait une violente migraine, et cette nouvelle paraissait lui causer les plus vives inquiétudes. Elle disait qu'elle ne voulait pas en parler à sa belle-mère, ajoutant que, si son mari devenait plus malade, elle s'empresserait, sous un prétexte qu'elle indiquait, d'aller à Paris pour le soigner.

Elle envoyait à Uzerches pour savoir s'il y avait des lettres à son adresse ; elle exprimait la crainte d'en recevoir une qui portât un cachet noir. Un jour, ce qu'elle ne faisait jamais, elle quitta la table pour aller au-devant de celui qui portait les lettres, impatiente de s'assurer s'il y en avait une qui vînt confirmer les sinistres pressentiments dont elle se disait tourmentée.

Cependant, Laffarge, doué d'une constitution robuste, n'éprouva pas des suites très-graves de cette indisposition, et après avoir obtenu son brevet d'invention, il partit de Paris et arriva au Glandier le 5 janvier 1840. Marie Cappelle se montra pleine d'empressement à fêter le retour de son mari. On la vit quitter le lit où elle était couchée pour aller au-devant de lui et lui prodiguer des témoignages de la plus tendre amitié.

Laffarge était souffrant ; il se mit au lit, se leva pendant quelques instants, et se recoucha bientôt. Le soir on apporta à Marie Cappelle, dans sa chambre, les débris d'une volaille avec quelques truffes. Son mari fut invité par elle à en manger quelques-unes, ce qu'il fit ; mais presque aussitôt, il éprouva des coliques, des vomissements, et dès lors se manifestèrent, pour ne plus cesser, les symptômes de l'empoisonnement.

On appela le médecin Bardou ; mais il ne soupçonna pas la cause de ce mal, et prescrivit des remèdes qui ne pouvaient avoir aucune efficacité. Marie Cappelle supportait impatiemment que d'autres personnes qu'elle s'empressassent à donner des soins à son mari ; elle cherchait à éloigner de l'appartement de ce malheureux tous les membres de sa famille, même sa mère, et cette pauvre femme eut avec elle, à ce sujet, une discussion très-vive, en présence du médecin Bardou. Cependant Laffarge éprouvait de cruelles angoisses ; il ressentait à la gorge une ardeur douloureuse, des coliques violentes déchiraient ses entrailles, et bientôt la frigidité de son corps, l'interruption presque complète de la circulation du sang, les battements du cœur devenus rares et peu sensibles, annonçaient une fin prochaine. Pendant ce temps, et en présence de ce spectacle si douloureux, Marie Cappelle se livrait à des soins étranges et à d'étonnantes préoccupations. Déjà, le 12 décembre, peu de jours avant l'envoi du gâteau à Paris, elle s'était procuré de l'arsenic, sous le prétexte de détruire les rats ; plus tard, et depuis le retour de Lafarge, elle en avait obtenu an moyen d'une note mise au bas de la prescription du médecin : ce fait eut lieu le 5 janvier. A la même époque elle en faisait demander chez un pharmacien de Lubersac, qui avait refusé de le livrer. Plus tard encore, elle avait chargé un sieur Denis, employé dans l'usine, de lui en acheter, et Denis, pressé par elle, après l'avoir gardé pendant quelques jours, par suite d'une inquiétude qu'il éprouvait, avait fini par le lui remettre le 10 du même mois de janvier. Il est remarquable qu'en lui donnant cette commission, Marie Cappelle lui avait recommandé le secret. C'était toujours sous le prétexte de détruire les rats qu'elle se procurait ces masses énormes d'arsenic. Un jour, elle racontait gaîment à son mari qu'elle en avait assez pour tuer une armée de rats. Le 11 janvier, lendemain du jour où Denis lui remit enfin l'arsenic qu'il avait acheté, s'accomplirent quelques faits qui vinrent enfin exciter de graves soupçons au sein de la famille Laffarge. Dans la matinée, et lorsqu'elle était encore au lit, Marie Cappelle demanda qu'on lui fît un lait de poule. Il fut préparé par la dame Buffière, sa belle-sœur, qui le lui porta, et

elle le but. Laffarge, auquel sa sœur demanda s'il serait
bien aise d'en prendre, en exprima le désir ; mais Marie
Cappelle l'avait bu, et dit alors qu'il fallait en faire un
autre. Elle-même voulait le préparer, quoiqu'au lit. Cependant, ce fut la dame Buffière qui en prit le soin et
le porta dans la chambre de son frère. Dans cet instant
il reposait, et alors on mit le lait de poule dans une tasse,
qui fut placée elle-même dans un bol rempli d'eau tiède.
A peine ces dispositions étaient faites que la femme de
chambre de l'accusée vint prendre le lait de poule et le
porta dans la chambre de sa maîtresse ; il y fut placé
sur la table de nuit près de son lit. Dans le même appartement se trouvait la demoiselle Brun : elle était encore au lit et se disposait à se lever, lorsqu'elle vit Marie
Cappelle mettre dans la tasse qui contenait le lait de
poule une poudre blanche contenue dans un morceau
de papier et la délayer avec le doigt. Dans cet instant la
porte par laquelle on communiquait de la chambre de
l'accusée à celle de son mari s'ouvrit, et sa belle-mère
parut. Marie Cappelle s'empressa de déposer la tasse sur
la table de nuit. Sa belle-mère s'étant retirée, elle dé-
laya de nouveau avec le doigt la poudre qu'elle y avait
mêlée. La demoiselle Brun, témoin de ces faits, lui demanda ce qu'elle avait mis dans la tasse, et elle répondit qu'on y avait mis de la fleur d'oranger. Peu satisfaite de cette réponse, elle insista : Marie Cappelle fei-
gnit de ne pas entendre, et ne répondit pas. Le lait de
poule fut alors porté dans la chambre de Laffarge ; mais

il refusa de le prendre, et on le plaça sur la cheminée.

Ce fut alors que la demoiselle Brun crut remarquer à
sa surface une matière blanche non dissoute, et qu'elle
en fit l'observation aux personnes présentes. On examina, le médecin lui-même fut interrogé ; mais il répondit que c'était peut-être du blanc d'œuf ou de la
chaux, et on n'y attacha pas au premier instant une importance plus grande ; seulement la dame Buffière en
ayant jeté la plus grande partie dans la cheminée, on
vit au fond de la tasse une matière blanche et de la mé-
me nature que celle qu'on avait aperçue à la surface.

Cependant on ne s'en préoccupa pas autrement, et
ce ne fut que lorsque la demoiselle Brun eut rendu
compte des faits qui s'étaient passés le matin, que l'on
conçut quelques inquiétudes. On en fit part à Laffarge,
qui exigea que le reste du lait de poule fût porté au
sieur Eyssartier, pharmacien, qui l'examina, fit quelques expériences, y reconnut la présence de l'arsenic,
mais se contenta de dire qu'il fallait que Laffarge n'ac-
ceptât de boisson que des personnes auxquelles il pourrait donner toute sa confiance.

Plus tard le résidu de ce lait de poule a été soumis à
l'analyse, et les médecins et les chimistes auxquels cette
opération a été confiée ont constaté qu'il contenait de
l'acide arsénieux. Ces faits s'étaient accomplis le 11 du
mois de janvier. Le même jour on dut s'occuper de préparer à Laffarge une autre boisson ; elle se composait

d'une petite quantité de vin mêlée avec de l'eau, du sucre et du pain.

Marie Cappelle était seule dans la chambre du malade avec la demoiselle Brun, qui travaillait près de la cheminée ; cette jeune personne la vit prendre le verre qui contenait la boisson dont nous venons de parler, se diriger vers une commode dont elle ouvrit le tiroir supérieur, et alors elle entendit le bruit occasionné par le contact de la cuillère avec un vase qu'elle supposa placé dans l'intérieur de la commode. Il lui parut aussi que l'accusée mêlait une substance quelconque à la boisson destinée à Laffarge. Cette opération faite, celle-ci s'approcha du lit du malade, et lui en présenta une cuillerée. Laffarge, ayant bu, s'écria : *Ah ! Marie, que me donnes-tu là ? ça me brûle.*— *Ce n'est pas étonnant,* dit Marie Cappelle, en s'adressant à la demoiselle Brun, *on lui donne du vin, et il a une inflammation.*

Cependant la demoiselle Brun s'étant approchée de la commode y remarqua une légère traînée de poudre, blanche, et aperçut dans le tiroir un petit pot contenant une substance semblable. La poudre répandue sur la commode, ainsi que celle que le pot contenait, ont été recueillies et livrées à l'examen des chimistes, qui ont reconnu que ce n'était autre chose que de l'arsenic.

La boisson destinée à Laffarge a été également conservée et soumise à l'analyse ; on y a reconnu la présence de l'acide arsénieux. Ce fut le même jour que la demoiselle Brun remarqua sur une table et dans la

chambre de Laffarge un verre qui contenait une très-
petite quantité d'eau, et dans laquelle était une poudre
blanche. Marie Cappelle, à laquelle elle demanda ce que
c'était, répondit que c'était de la gomme , et comme ce
témoin lui fit observer que la gomme se dissolvait, elle
ajouta qu'elle allait boire dans ce verre, ce qu'elle parut
faire effectivement, après y avoir mis beaucoup d'eau.
Dans la nuit qui suivit Marie Cappelle éprouva des coliques et quelques vomissements.

Il est remarquable que Marie Cappelle affectait de
faire habituellement usage de gomme et d'en mêler à
toutes ses boissons. Dans une autre circonstance, et pendant que la mère de Laffarge était occupée à donner
des soins à son fils , Marie Cappelle méla une poudre
blanche à une potion qui lui était destinée, et, profitant
d'un instant où elle pensait n'être pas aperçue par cette
malheureuse femme , s'approcha du malade , et lui
en fit prendre une cuillerée. La mère de Laffarge lui
ayant demandé ce qu'elle avait mêlé à cette potion, elle
répondit , comme elle le faisait souvent , que c'était de
la gomme ; et en même temps elle s'empressa d'essuyer
la cuillère avec soin , et la replaça sur la cheminée ;
avant que cette cuillère fût ainsi essuyée la dame Laffarge
mère avait remarqué une substance blanche et semblable
à celle qu'on avait aperçue dans le lait de poule. Ce
n'était pas seulement dans les boissons du malheureux
Lafarge que l'arsenic était mêlé avec une audace inouïe :
il avait paru nécessaire de lui faire des frictions avec de

la flanelle, un morceau de cette étoffe fut remis à cet effet par Marie Cappelle, et on s'en servit non seulement pour opérer les frictions, mais encore en l'appliquant sur la poitrine du malade, après y avoir mis du laudanum et de l'huile d'olive. La dame Laffarge mère remarqua que le tissu de cette flanelle était couvert d'une substance qu'elle a désignée par cette expression: *un corps raboteux*; elle la secoua, et il en tomba une poudre blanche. Cette flanelle, livrée à l'examen des chimistes, a été soumise à des expériences dont le résultat a constaté d'une manière certaine qu'elle contenait de l'acide arsénieux. C'est ainsi que le malheureux Laffarge, livré à des douleurs atroces, périssait victime d'un horrible empoisonnement en présence de sa mère, de sa sœur, des médecins, qui, tous effrayés des ravages de cette maladie cruelle, stupéfaits de ces horribles phénomènes, luttant contre le soupçon qui envahissait leurs âmes, laissaient pourtant consommer le crime, parce que leur raison, leur cœur, une sorte de pudeur même reculaient épouvantés devant la vraisemblance et à la vue des liens sacrés qui unissaient l'empoisonneuse et la victime. Soupçonnant le crime qui se commettait, ils n'avaient pas le courage de repousser les mains de l'empoisonneuse.

Cependant le 13 janvier le docteur Lespinats fut appelé; mais il n'y avait plus alors aucune espérance de conserver la vie à Laffarge. Lespinats n'hésita pas à déclarer que Laffarge succombait à l'action du poison;

il en avertit ce malheureux, qui lui dit : « Quoi! vous croyez? faites des recherches, tâchez de découvrir : je poursuivrai. »

Ce fut alors au sein de cette famille une douleur déchirante, lorsque Laffarge, à la suite d'une syncope qui avait paru devoir terminer sa vie, se ranima un peu et dit à sa mère, dont il entendait les sanglots : Tu me fais mal, va-t'en. » On l'entraine hors de la chambre, où il ne reste que Lespinats et Marie Cappelle.

Bientôt Laffarge fait entendre ces mots : « *Amena*, à boire! « Il désignait ainsi sa sœur. Marie Cappelle se hâte de lui présenter de l'eau, et Laffarge ouvre les yeux, boit; mais aussitôt un sourire sardonique effleure ses lèvres, et, par un mouvement de la tête et du corps, il exprime à Lespinats le sentiment affreux dont son âme est remplie.

Marie Cappelle se retira, et dès cet instant elle ne reparut plus dans la chambre de son mari.

Le lendemain, à six heures, Charles Laffarge avait rendu le dernier soupir. L'autopsie fut faite; l'estomac et les liquides qu'il contenait ont été conservés avec soin, soumis à l'analyse, et on y a constaté d'une manière certaine la présence de l'acide arsénieux. Tels sont les faits principaux sur lesquels se fonda l'accusation. Il en est encore un qui tendit à prouver de plus la culpabilité de l'accusée. Les 12 décembre 1839, 5 et 10 janvier 1840, elle s'était fait remettre de l'arsenic: elle ne l'a pas nié; seulement elle a toujours soutenu qu'il avait été employé, ou devait l'être, à faire une pâte destinée à détruire les rats. Cependant une partie de cette pâte a été retrouvée : on a recherché quelle était la substance dont elle se composait, et il a été vérifié qu'elle ne contenait point d'acide arsénieux. L'instruction constata en outre que l'arsenic qui fut apporté le 10 janvier à Marie Cappelle parut avoir été remis par elle à Clémentine Servat, sa femme de chambre, pour qu'elle préparât de la pâte pour les rats. Il en résulta aussi qu'en lui remettant le paquet qui semblait le contenir, elle lui avait recommandé de prendre les plus grandes précautions, lui signalant cette substance comme extrêmement dangereuse, à ce point que cette fille en fut effrayée, et n'osa pas en faire l'usage qui lui avait été prescrit. Cependant le paquet remis à Clémentine Servat fut après la mort de Laffarge enfoui dans le jardin, où il a été trouvé depuis, et l'examen de la substance qu'il contenait a démontré qu'elle n'était autre chose que du bicarbonate de soude. Qu'était alors devenu l'arsenic acheté les 5 et 10 janvier ?

La mort de Laffarge, les souffrances cruelles qui l'ont précédée, sa longue et douloureuse agonie, la présence du poison dans les entrailles de ce malheureux, n'étaient-ils pas une preuve éclatante de la destination qu'il a reçue.

Interrogée sur ces faits, Marie Cappelle a soutenu qu'elle n'avait envoyé à son mari que quelques-uns des petits gâteaux que sa belle-mère avait préparés. Elle est convenue que dans les mois de décembre et janvier elle avait plusieurs fois fait acheter de l'arsenic, déclarant qu'elle ne voulait s'en servir que pour détruire les rats ; elle a ajouté que la substance qu'on l'avait vu mêler aux boissons de son mari n'était que de la gomme, et qu'il lui était impossible d'expliquer la présence de l'arsenic dans ces boissons.

En conséquence, Marie-Fortunée Cappelle, veuve Laffarge, fut accusée d'avoir, dans les mois de décembre 1839 et janvier 1840, attenté à la vie de Charles-Joseph-Pouch Laffarge, son mari, par l'effet de substances susceptibles de donner la mort, et qui l'ont effectivement occasionnée, crime prévu et puni par les articles 301 et 302 du code pénal.

Mme Laffarge, assistée de Me Paillet, bâtonnier de l'ordre des avocats de la cour royale de Paris, comparut le 3 septembre devant la cour d'assises de Tulle, présidée par M. Barny, l'un des membres les plus distingués de la cour royale de Limoges. M. de Coux, premier avocat-général, remplissait les fonctions du ministère public ; M. Coraly était chargé par la mère de Laffarge d'intervenir au besoin par son nom comme partie civile. Dès cinq heures du matin les curieux déjà étaient stationnés en grand nombre aux abords du Palais de Justice. A sept heures, la foule était compacte, mais dans une attitude calme. A sept heures et demie les portes du Palais furent ouvertes, et toute la salle s'est remplie comme par enchantement.

Sur l'invitation de M. le président, madame Laffarge
se lève. Elle est très-faible et a peine à se soutenir. Ses
premiers mots sont difficilement articulés ; mais bientôt
sa première émotion se calme, sa voix, toujous faible,
devient plus claire ; et elle répond avec aplomb à toutes
les questions qui lui sont adressées par le président sur
les diverses circonstances du procès que nous avons rap-
portées.

A six heures, madame Laffarge, dont les traits annoncent la plus grande fatigue, demande à M. le président, par l'organe de M⁰ Paillet, qu'il veuille bien terminer l'audience.

L'interrogatoire sur le fait d'empoisonnement est fini ;
l'audience est renvoyée au lendemain matin, huit heures.

Cette audience a été consacrée à l'audition des différents médecins qui ont donné leurs soins à M. Laffarge,
et qui ont été commis pour procéder à l'analyse des
matières saisies au Glandier. Ces dépositions ne diffè-
rent point entres elles ; la présence de l'arsenic dans le
corps de la victime, dans le lait de poule et dans la flanelle est constatée.

Un débat s'engage entre l'avocat-général, le témoin
Massénat, médecin, et la défense sur les granulations
grises et brillantes obtenues dans le tube, et regardée
par les témoins comme des matières arsenicales. L'avocat-général requiert une seconde expertise faite par
MM. Dubois père fils et M. Dupuytren, pharmaciens
à Limoges.

Madame Laffarge mère fait sa déposition qui roule sur les derniers moments de son malheureux fils, et les soupçons d'empoisonnement qui prenaient de jour en jour plus de consistance.

La déposition terminée, les experts chimistes commis par la cour, sont introduits dans l'audience, et font connaître leur rapport, dont les conclusions sont : « Que ni dans l'estomac, ni dans les matières vomies, il ne se rencontre pas un atôme d'arsenic.

Cette déclaration des experts produit sur l'auditoire la plus vive impression. Madame Laffarge est en proie à la plus grande émotion; des larmes s'échappent de ses yeux, un sourire indéfinissable erre sur ses lèvres. Son défenseur est obligé de demander qu'elle se retire un instants; la cour suspend l'audience. Quand elle est reprise, M. l'avocat-général fait observer à la cour que les deux expertises, celle des chimistes de Limoges, étant contraires l'une à l'autre, il convient de chercher de nouveaux éléments dans une troisième expérience, qui sera décisive, et d'appeler à cet effet d'autres chimistes. Il pose des conclusions tendant à faire ordonner par la cour l'exhumation du cadavre de M. Laffarge. La cour rend, à 9 heures, un arrêt par lequel elle ordonne l'exhumation du cadavre, afin que de nouvelles expériences soient faites par les commissions d'experts qui ont déjà opéré, et auxquels seront adjoints deux nouveaux chimistes.

On entend M. Lafosse père, pharmacien à Brives,

M.. Eyssartier, pharmacien à Uzerches, Denis Barbier dont les dépositions ne signalent que des faits déjà connus.

Clémentine Servat, femme de chambre de Madame Laffarge, et Alfred Moutadier, domestique de M. Laffarge, sont entendus. L'arsenic, selon eux, a été employé à faire de la mort aux rats, et le surplus a été enterré dans le jardin après la mort de M. Laffarge.

En ce moment, la vaste enceinte de la cour d'assises est remplie d'une odeur infecte et pénétrante. Les experts, de retour du cimetière de Bellac, font leur œuvre sans nom autour de brasiers ardents. Les uns démêlent je ne sais quelle matière du bout de leurs cuillères de bois; d'autres pétrissent sous leurs doigts un mélange d'os et de chair qu'ils jettent à pleines mains dans les chaudières ardentes. Madame Buffières, sœur de la victime, fait une déposition semblable à celle de madame Laffarge mère.

Mademoiselle Emma Ponthier déclare que, lors de son arrivée au Glandier, M. Laffarge était très-malade ; Marie Cappelle, qui était triste et pâle, lui dit que son mari avait une angine. Deux fois, ajoute le témoin, j'ai vu madame Marie mettre dans une cuiller de l'eau et de la poudre blanche. La première fois, M. Laffarge lui : dit « Qu'est-ce ? De la gomme, » répondit-elle. M. Laffarge but. Il est certain que Marie Cappelle prenait souvent elle-même de la poudre de gomme avec ou sans eau.

Le lendemain de la mort de Laffarge, cette jeune personne porta des cheveux de M. Laffarge à sa mère et à sa sœur, et leur ayant dit qu'elle en avait pour madame Marie Cappelle, qui de son côté lui avait donné une tresse de ses cheveux pour mettre dans la main de son pauvre Charles, ces dames le lui défendirent. « *Garde-t'en bien, c'est elle qui l'a empoisonné !* » Ces paroles donnèrent à penser à la jeune Emma, et quoique sa raison se refusât à croire Marie Cappelle coupable, elle prit un peu de cette poudre blanche qui se trouvait dans une boite, et elle la remit à M. Fleigniat, son oncle, pour l'examiner.

Les experts qui ont terminé leurs opérations sont introduits.

M. Dupuytren lit le rapport suivant : « Nos conclusions, prises à l'unanimité, sont qu'tl n'y a pas d'arsenic dans aucune des substances animales soumises à notre examen. »

Des applaudissements prolongés se font aussitôt entendre.

M. Lespinasse, interrogé sur la différence qui existe entre son premier rapport et celui des derniers experts, répond que comme médecin il a une opinion différente de ce qu'il a vu comme chimiste.

Après une longue délibération, la cour ordonne que des chimistes de Paris seront mandés à Tulle dans le plus bref délai.

Plusieurs témoins sont rappelés et reproduisent leurs précédentes dépositions.

A une audience suivante M. Orfila, doyen de la faculté de l'école de médecine de Paris, M. Bussy, professeur de chimie à l'école de pharmacie de Paris et M. Ollivier (d'Angers), docteur en médecine, qui se sont livrés à l'examen ordonné par la cour, présentent par la voix de M. Orfila le rapport suivant :

« Nous avons commencé par traiter le quart de l'estomac qui restait, la matière des vomissements et les liquides trouvés dans l'estomac. Ces trois matières réunies ayant été soumises à la carbonisation par l'acide nitrique, avec les procédés que j'ai indiqués il y a dix-huit mois pour la première fois, et le charbon obtenu ayant été traité par l'eau, il a suffi d'introduire le liquide qui en est résulté dans l'appareil de Marsh pour obtenir une quantité d'arsenic qui n'était pas considérable, arsenic qui est actuellement déposé sur une assiette dans notre laboratoire.

« Une seconde expérience a été faite avec la masse décrite dans les procès-verbaux sous le nom de masse provenant des organes du thorax, de l'abdomen, du foie, d'une portion du cœur, d'une certaine quantité du canal intestinal et d'une portion du cerveau.

« Nous avons cru devoir diviser cette seconde opération en deux parties. Le tout étant d'abord mélangé, nous l'avons fait bouillir pendant quatre heures avec de l'eau distillée; le liquide qui en est résulté ayant été passé à travers un linge, a été réduit par la chaleur à l'état d'une matière presque sèche. Il en est resté la portion qui ne s'est pas dissoute dans l'ean ainsi qu'il arrive lorsqu'on y fait cuire de la viande : une partie se dissout et l'autre ne se dissout pas.

« La décoction, évaporée jusqu'à la siccité, a été carbonisée par l'acide nitrique, comme l'avaient été les premières matières. Nous avons opéré comme nous l'avions déjà fait pour les précédentes, et nous avons encore retiré de l'arsenic de ce liquide.

« La quantité d'arsenic obtenue de cette décoction était à peu près égale à celle que nous avait donné la première expérience.

« Nous avons cru devoir également examiner les parties restantes de la décoction ; ce qui n'avait pas été dissous, la portion solide.

« Et alors, comme nous aurions été gênés par une très grande quantité de mousse en traitant par l'acide nitrique, nous avons fait, ainsi que je l'ai déjà indiqué il y a dix-huit mois, brûler cette masse par le nitrate de potasse. Elle a brûlé pendant sept heures, et après avoir traité cette masse incinérée comme précédemment, nous avons obtenu une quantité très-notable d'arsenic, qui doit être évaluée au moius à douze fois celle que nous avions retirée dans chacune de nos premières expériences. Nous n'avons pas même cru devoir agir sur la totalité de notre produit, nous l'avons jugé inutile. Nous avons examiné le lambeau de chair pris à la cuisse gauche du cadavre ; ces chairs devaient faire l'objet d'une préparation à part. Nons n'avons rien obtenu dans ces deux livres de chairs musculaires traitées comme il a été dit ci-dessus. Ces deux livres de chair , si on les compare au corps, n'offrent qu'une portion bien faible comparée à celle de tout le corps.

« Le résultat sur ce point a donc été négatif.

« Nous avons examiné une portion du suaire dans lequel le corps de M. Laffarge était enveloppé. Nous l'avons examiné avec beaucoup de soin ; nous l'avons fait bouillir dans l'eau avec de la potasse ; nous avons ensuite introduit le liquide dans l'appareil de Marsh, et nous n'avons rien obtenu. C'est donc encore-là un résultat négatif.

« Enfin, nous avons cru devoir examiner deux des trois terres recueillies. Notre analyse a porté sur les terres prises immédiatement au-dessus et au-dessous du cercueil. Ces deux terres ayant bouilli séparément dans de l'eau distillée pendant quatre heures, ont fourni des liquides qui, ayant été soumis à l'appareil de Marsh, n'ont pas donné d'arsenic.

« Ainsi, il résulte de cette première partie de ma déposition et des expériences qui ont été faites, qu'il y a de l'arsenic dans le quart de l'estomac qui restait, dans les liquides contenus dans ce viscère et dans les matiè-res vomies ; mais il n'y en a pas beaucoup.

« Il résulte, en second lieu, qu'il y en a dans la dé-coction faite avec les débris organiques, et qu'il y en a

beaucoup plus dans le résidu solide de cette décoction.
Il résulte, enfin, que partout ailleurs nous n'avons rien
trouvé.

« Ces réactifs avaient été déjà employés par les experts de Tulle, et la preuve qu'ils ne contiennent pas
d'arsenic, c'est que ces experts sont arrivés à cette conséquence qu'ils n'en avaient point trouvé. S'il y en avait
eu dans les réactifs, on aurait, au moins, constaté la
présence de l'arsenic qui pouvait s'y trouver.

« Nous devons faire observer que jamais nous n'avons mis l'appareil de Marsh en mouvement sans que
auparavant nous nous fussions assurés qu'il pouvait
fonctionner pendant un quart d'heure, vingt minutes,
sans donner de résultats accidentels. L'acide nitrique
avait été distillé sur du nitrate d'argent. Il est impossible
dans cette position qu'il contint de l'arsenic. Sur ce
point, il n'a pu s'élever le moindre doute. L'arsenic
trouvé ne provient pas des terres, il est certain qu'il ne
peut avoir cette origine, car le cercueil était entier,
sauf une fente à la partie intérieure. Ces terres, d'ailleurs,
n'ont rien donné à l'analyse.

« Il est reconnu aujourd'hui par mes expériences,
qui remontent à dix-huit mois, qu'il existe naturellement dans les os de l'homme et de beaucoup d'autres
espèces d'animaux une infiniment petite quantité d'arsenic ; mais il est également reconnu que, par le moyen
dont nous pouvons disposer actuellement, jamais on ne
retire la moindre trace d'arsenic, ni de l'estomac, ni du

foie, ni de la rate, ni des reins, ni du cœur, ni du poumon de l'homme. Or, nous avons opéré non sur les os, mais sur les organes intérieurs. Ce que nous avons retiré n'est donc pas de l'arsenic normal.

« J'arrive maintenant à la partie la plus difficile de ma déposition, à la quatrième.

« Pour le prouver, je vais suivre la série des opérations qui ont été faites.

« Lors du premier rapport, MM. Bardou, Lespinats, Tournadour, Massénats, Lafosse, avaient opéré. Ils ont fait bouillir l'estomac ; ils ont traité la décoction par l'acide sulfurique ; ils ont obtenu un précipité jaune-serin, floconneux, soluble dans l'ammoniaque, caractères qui appartiennent tous à l'acide arsénieux ; puis ils ont cherché à réduire ce sulfure d'arsenic de manière à recueillir le métal. Leur tube a fait explosion ; les matières qu'ils avaient obtenues n'établissaient pas suffisamment la présence de l'arsenic, ainsi que je l'ai dit dans une lettre que j'ai eu l'honneur d'adresser à M⁶ Paillet. La médecine légale ne se contente pas de suppositions ; elle veut des preuves positives. Il faut retrouver le métal.

« Avec la connaissance que j'ai acquise en expérimentant sur le corps de M. Laffarge, j'ai la conviction que si ces messieurs n'avaient pas cassé leurs tubes, ils auraient retiré l'arsenic métallique. Voilà donc une première expérience qu'on ne peut pas opposer aux nôtres, car dans le premier cas l'expérience n'a pas été terminée.

« Dans le second rapport, MM. Dubois père et fils, et Dupuytren ont procédé séparément et d'abord sur le quart de l'estomac, puis sur une portion des liquides qui y étaient contenus, puis enfin sur une portion des matières vomies. Voilà trois opérations. Nous, nous les avons réunies ces trois matières, et nous n'avons fait qu'une seule opération. Ainsi, au lieu d'agir séparément sur chacun des tiers, nous avons agi sur la totalité. Quoique nous ayons agi sur la totalité, je dis que la quantité d'arsenic était minime. Eh bien ! y a-t-il quelque chose d'extraordinaire, alors qu'on ne dispose que du tiers d'un entier, qu'on ne découvre pas ce que découvrent ceux qui agissent sur cet entier lui-même ? Il y a plus : l'appareil de Marsh est un appareil de fraîche date ; il n'a pas encore été parfaitement étudié par tout le monde, et même ceux qui l'ont étudié éprouvent tous les jours des embarras nouveaux pour s'en servir. Ainsi aujourd'hui même, au moment où nous venions de retirer l'arsenic d'un liquide qui en contenait ; tout-à-coup, quoique certains que l'arsenic y était encore, nous avons cessé d'en obtenir, et il devait cependant en fournir. Cela tient à ce que la flamme est un peu trop forte, à ce que l'assiette de porcelaine est trop rapprochée ou trop éloignée, à ce qu'une porte ouverte détourne la flamme et la rejette d'un autre côté, etc. Il n'est donc pas extraordinaire que quand on a opéré sur des quantités aussi minimes, on ne soit pas arrivé à un résultat. Je me plais à rendre justice au talent et à l'habileté des expérimentateurs qui ont opéré, mais il est évident qu'uils ont agi sur trop peu de matières, et en second lieu que l'appareil de Marsh a été employé avec une flamme un peu trop forte, et que la petite quantité d'arsenic existant a été volatilisée.

« Je ne vois rien là qui ne puissse concorder avec le résultat que nous venons d'obtenir.

« Enfin dans la dernière expérience faite après l'exhumation , MM. les membres de la première commission et de la seconde, réunis, ont opéré sur une petite portion du foie. Ils l'ont traitée par l'eau distillée, ils ont agi par l'acide nitrique ; sur ce produit ils n'ont rien trouvé. Nous avons opéré sur la totalité des viscères et nous n'avons trouvé qu'une petite portion d'arsenic. Ces messieurs , quant aux autres viscères, n'ont expérimenté que sur le quart, et nous avons expérimenté sur le tout.

« Joignez à cela les difficultés de l'appareil dont je viens de parler, et on concevra facilement que ces messieurs n'aient rien aperçu. Enfin , ils n'ont pas incinéré par le nitrate de potasse le résidu des matières solides, résultat de la coction des viscères, et c'est dans ce résidu carbonisé que nous avons trouvé la plus grande quantité d'arsenic. Mais, je l'avoue, le procédé suivi par ces messieurs est indiqué par certains auteurs. S'il n'est pas le meilleur , ce n'est pas la faute de ceux qui ont expérimenté. Dans cette matière il y a eu des progrès depuis quelque temps ; ainsi on ne se préoccupait pas suffisamment de cette pensée que les matières animales mélangées avec l'arsenic retiennent fortement le poison et s'en débarrassent difficilement par l'ébullition ; c'est ce qui a fait que dans beaucoup de circonstances les matières vénéneuses ont échappé aux experts.

« Au reste, après avoir ainsi parcouru les différentes parties dont j'avais à donner connaissance à la cour, je dois dire que nul doute ne peut rester sur la nature des matières que nous avons obtenues. L'arsenic métallique a été recueilli sur des assiettes, et la commission composée de trois personnes à laquelle avaient été adjoints tous les autres experts, sera, je n'en doute pas, unanime sur ce fait, que le métal obtenu sur les capsules est de l'arsenic. Mais cela ne suffit pas ; il faut dire par quel moyen nous nous sommes assurés que c'était de l'arsenic. Ces taches sont brunes, brillantes ; elles n'attirent pas l'humidité de l'air ; elles ne se volatilisent pas à froid, et à l'instant même où on applique sur elles la chaleur, elles disparaissent. Elles se dissolvent et se détachent instantanément dans l'acide nitrique pur, et la dissolution opérée, si elle est évaporée jusqu'à siccité, donne un résidu d'un blanc très-légèrement jaunâtre que le nitrate d'argent fait passer au rouge brique. Aucune autre substance connue ne réunissant l'ensemble de ces caractères, je dois conclure que cette matière est de l'arsenic. »

Toutes les opérations ayant été faites en commun, les conclusions ont également été prises en commun.

L'audience est levée à la suite du rapport. L'accusée en se retirant serre la main à ses défenseurs.

Le 17 M. l'avocat-général reproduit les faits de la cause et termine ainsi :

MM. les jurés, je l'ai dit en commençant, et je vais finir par cette pensée qui remplit mon cœur, ce n'est pas pour moi une question de criminalité, mais une question d'égalité devant la loi. Voudriez-vous que la justice ne soit pas un niveau qui passe également sur toutes les têtes ? Oh ! non. Voulez-vous que l'on croie que le jury est faible et lâche lorsqu'il s'agit d'une femme placée dans une haute position, et qu'il relève le front lorsqu'il s'agit d'une tête obscure ? Oh ! non, vous ne le voudrez pas. Je ne le veux pas pour vous, je ne le veux pas pour moi. Il y a entre nous solidarité : je l'accepte, messieurs les jurés, et vous l'accepterez aussi. Je persiste dans mon accusation. »

La parole est ensuite à Mᵉ Paillet, qui termine sa défense en ces termes :

« Dans ce moment suprême, je n'ajouterai plus qu'un mot, messieurs, c'est que la condamnation d'un innocent est de tous les faits sociaux le plus déplorable, parce qu'il est le plus irréparable.

« Tout est doute dans cette lugubre affaire, et le doute dans une affaire criminelle suffit pour l'acquittement de l'accusé. Comment croire, en effet, que cette femme, dont nous vous avons fait sonder le cœur, que cette femme qui, à la fin du mois de décembre, entrevoyait les joies de la maternité, ait pu, le 3 janvier, empoisonner son mari ! le père de son enfant ! Non ,

messieurs, cela est impossible ! Ah ! dans l'accomplissement de la fatale mission qui vous est confiée, craignez,
messieurs, d'ajouter aux lugubres légendes de ce maudit
lieu du Glandier !

A la suite de ces paroles, madame Laffarge s'écrie
d'une voix déchirante : « Oh ! je suis innocente, je vous
le jure, messieurs !

Le jury entre dans la salle des délibérations après le
résumé du président. Au bout d'une heure, il en sort.
Sa déclaration est : « Oui, à la majorité, l'accusée est
coupable. Il y a des circonstances atténuantes en faveur
de l'accusée. »

La cour condamne Marie Cappelle aux travaux forcés
à perpétuité et à l'exposition sur la place publique de
Tulle. (1)

DÉTAILS SUBSÉQUENTS A LA CONDAMNATION.

Dans les premiers jours de novembre, Marie Cappelle
a été transférée dans la maison centrale de Montpellier.
En entrant dans la maison centrale, la condamnée a dû
se séparer de Clémentine Servat, sa femme de chambre,
qui ne l'avait pas quittée jusque-là. Cette séparation a
vivement affecté Marie Cappelle. Elle a été reçue dans
la prison par le directeur, M. Chappus, et est de suite
devenue l'objet des soins des sœurs de l'ordre de Saint-
Joseph, auxquelles est confiée la surveillance intérieure
de la maison. Marie Cappelle, traitée d'abord comme

---

(1) La condamnée a obtenu sa remise de cette dernière peine.

malade et qui paraissait souffrir en effet de fréquents
accès d'un toux sèche, a été installée provisoirement
dans une cellule particulière. Cette cellule, de trois à
quatre mètres carrés d'étendue, se compose d'une cou-
chette en fer, d'une petite table et de deux chaises.
Marie Cappelle n'a pas quitté le lit pendant les premiers
jours de son arrivée. Elle portait sur la tête une espèce
de toque ou béret en velours. Ses cheveux noirs étaient
coquettement lissés sur son front. Son manteau recou-
vrait son lit. Une des sœurs de Saint-Joseph est constamment restée auprès d'elle. Les visites de l'extérieur
sont complètement prohibées d'après les ordres sévères
du ministre. Une seule personne, parente delà condamnée
a obtenu la permission de la visiter.

Marie Cappelle revêtue du costume des détenues sera
employée aux travaux ordinaires de la maison. Ce costume
se compose d'une robe grossière de couleur bleue et d'un
bonnet blanc à pli de tête. Les travaux, qui ont lieu en
commun et en silence, consistent dans la fabrication de
mouchoirs, de bas, de gants en filoche : et dans la filature
du coton et de la soie.

Marie Cappelle a demandé qu'on lui permit d'attacher
à la muraille une croix-d'honneur dont elle ne s'est jamais séparée et que porta M. Cappelle, son père ; le
directeur ne vit là rien de contraire aux règles de la
discipline, il permit à la détenue cet allègement à ses
maux que devait produire le souvenir. Marie Cappelle
demanda ensuite la sœur supérieure, et lui dit que ses

yeux se fatiguaient par la lueur terne d'une chandelle ; la bonne sœur lui fit obtenir une lampe Carcel.

Des détenues, la plupart femmes de mauvaise vie, ont cherché à injurier Mme Laffarge ; les cris de *voilà la belle dame, voilà la duchesse,* ont été proférés sous les fenêtres de la condamnée ; mais les coupables ont été de suite punies, et le calme a été rétabli.

Tant qu'elle n'a fait que voir le vêtement ignominieux qui lui était destiné, Marie Cappelle a conservé ce sang-froid qui la fit remarquer aux débats. Le sous-chef de la prison le lui avait apporté et lui dit : Voilà votre habit, demain à l'heure du réveil soyez-en revêtue. — Jamais, répondit la condamnée. — Votre résistance ne fera que rendre plus dure votre position, observa le sous-chef ; croyez-moi, montrez-vous docile, c'est le seul moyen d'avoir droit à quelques adoucissements. — Monsieur, répliqua Marie Cappelle, vous avez beau faire, je ne mettrai pas ce costume, et je sortirai d'ici malgré vous. — Comment ? — Les pieds les premiers pour aller dans la terre !!.. Le sous-chef sortit sans répondre. Le lendemain on vit avec peine que Mme Laffarge n'avait pas voulu céder..... On fut obligé d'ordonner à deux infirmières de faire revêtir de suite l'uniforme à la détenue : celle-ci se mit alors à pousser des cris affreux... cependant la robe fut passée, agrafée ;.. mais la malheureuse s'était évanouie après une horrible crise de nerfs.

Marie Cappelle a écrit, dit-on, plusieurs lettres à la reine, à Mme Adélaide et à Me Paillet pour obtenir d'être dispensée du costume. Ses lettres sont-elles arrivées à leur adresse ? c'est ce que l'administration peut seule savoir. Dans les lieux de détention, il s'écrit plus de sept à huit mille lettres par an au roi, et il est probable qu'elles ne sortent pas souvent des lieux où elles ont été rédigées.

Dans la même prison que Mme Laffarge se trouve une dame compromise dans un procès politique, Melle Grouvelle. Elle a su se plier au régime cellulaire et elle a une grande influence sur les détenues qui l'aiment comme leur mère. Elle est également très-considérée par les sœurs qui font le service de santé dans la prison. Cette dame semble prendre beaucoup d'intérêt à Marie Cappelle et l'a souvent recommandée aux chefs supérieurs.

Marie Cappelle s'est couchée de nouveau, et les médecins ont déclaré qu'elle était excessivement malade et que ce serait peut-être aggraver le fâcheux état de sa santé que de vouloir irriter en ce moment sa douleur.

On lui avait envoyé des livres, des gravures, un métier à broder, et des journaux, le directeur a tout fait emporter ; il n'a laissé à la détenue que *la Sainte-Bible* et un *Paroissien des dames*.

AFFAIRE DE VANDÈGRE.

Oppositions par un père, de famille noble, au mariage de son fils avec la fille d'un cultivateur. — Assassinat du fils par le père peu de jours avant la célébration du mariage.

COUR D'ASSISES DE RIOM.

Depuis trois ans, André Mallet de Vandègre, jeune homme de plus de 30 ans, et l'aîné des quatre fils de M. Gilbert-Auguste de Vandègre, avait fait connaissance avec Marie Bourdu, jeune fille du bourg de la Petite-Marche, alors domestique chez Gilbert Joannet, fermier d'un domaine voisin de l'habitation de la famille: cette liaison devint une passion vive et profonde, contrariée qu'elle fut par les époux de Vandègre qui allèrent même jusqu'à le maltraiter. D'un caractère doux et paisible, ce jeune homme souffrit tout avec résignation, mais resta fidèle à ses affections. Bientôt il parla de mariage; la fille Bourdu résista pendant quelque temps à ce projet; mais elle finit par céder aux prières et à la volonté fortement exprimée d'André de Vandègre. La difficulté était d'obtenir le consentement du père et de la mère de ce dernier. A la première nouvelle qu'ils eurent des projets de leur fils, leur colère ne connut plus de bornes; ils déclarèrent hautement qu'ils ne consentiraient jamais à une semblable union, déshonorante pour eux, pour leur nom, pour leur famille. Non contents de ce refus si nettement exprimé, ils se répandirent en paroles outrageantes contre Marie Bourdu, et en menaces contre leur fils.

Dans l'espérance cependant que l'éloignement de cette fille pourrait guérir celui-ci de la passion qu'il éprouvait pour elle, ils firent quelques efforts auprès de Joannet, son maître, pour obtenir son renvoi ; mais il s'y refusa. Ils prirent alors le parti d'intéresser en leur faveur le curé de Ferjat qui, faisant valoir, à ce qu'il paraît, quelques scrupules de conscience, obtint de Joannet l'éloignement de Marie Bourdu, qui le servait avec honneur depuis plusieurs années ; elle se réfugia chez sa mère, au lieu de la Petite-Marche, distant du Mont d'à-peu-près une lieue. André de Vandègre n'en persista pas moins dans ses desseins, et Marie Bourdu, persécutée à cause de lui, ne lui fut que plus chère. Il se crut dès ce moment lié d'honneur envers elle, et autorisé à agir par les voies légales pour vaincre les refus obstinés de ses père et mère. Un notaire fut à cet effet, chargé de faire les actes de respect prescrits par la loi ; mais avant de recourir à ce moyen extrême, ce fonctionnaire crut qu'il était convenable de faire une démarche toute de conciliation auprès des époux Vandègre. Elle fut sans résultat. « Ce mariage, disait le père, était inconvenant sous les rapports de la famille, de la naissance et de la fortune. » Il fallut bien en venir alors aux actes de respect. Le notaire se transporta à cet effet, assisté de deux témoins, au domicile des époux de Vandègre. Il y fut accueilli par les injures de la dame de Vandègre, injures mêlées de menaces contre son fils, « que son mari, disait-elle, tuerait tôt ou tard, plutôt que de consentir à ses projets de mariage. » La notification ne put être accomplie.

Cette tentative, faite par le notaire, eut pour résultat d'accroître encore la fureur des époux de Vandègre contre leur fils. S'il faut s'en rapporter à quelques rumeurs sur ce qui se passa à cette époque dans l'intérieur de la famille, André aurait été violemment maltraité par ses père et mère. Quoi qu'il en soit, il crut prudent de fuir le domicile paternel; il vint demander un asile dans la maison de celle qu'il aimait au bourg de la Petite-Marche. Ce ne fut pas sans peine qu'il obtint d'y être reçu; la veuve Bourdu s'y refusa; mais il pleura, exposa les dangers qui le menaçaient dans sa famille : et elle céda. Cette réunion, sous le même toit, d'André de Vandègre et de sa future, fit un devoir plus rigoureux au premier de presser l'exécution de ses projets de mariage. Il invita de nouveau le notaire à se transporter chez son père et à faire la notification des actes respectueux. Ce fonctionnaire s'y étant refusé, il s'adressa à un autre qui promit, mais qui, au jour fixé, ne put se rendre au lieu du Mont.

André de Vandègre revint alors chez le premier notaire, qui se décida à lui prêter son ministère. Assisté de deux gendarmes qu'il avait pris pour témoins, dans l'intention d'imposer à la famille de Vandègre, qu'il redoutait, il se transporta, accompagné d'André de Vandègre, au lieu du Mont. L'acte fut consommé, mais non sans danger pour le notaire, et surtout pour de Vandègre fils, qui ne put échapper aux violences de la mère armée d'une fourche en fer, qu'en fuyant en toute hâte: « Ah ! le b..., criait-elle, il faudra lui f..... un coup de fusil. Va-t'en chercher ton père, disait-elle à sa fille, qu'il vienne avec son fusil, et qu'il tue ce brigand-là. » Cette scène n'eut pas d'autre suite ; la copie de l'acte de respect fut laissée par le notaire dans la maison, ou remise à la domestique qui seule s'y trouva pour la recevoir. Le père forma immédiatement opposition au mariage, bien qu'il lui fût facile d'en prévoir le résultat ; mais il voulait gagner du temps. Il espérait ou rebuter son fils par les obstacles qu'il mettrait dans l'intervalle à l'accomplissement de ses désirs, ou plutôt se ménager une occasion favorable pour l'exécution des sinistres projets que depuis longtemps il avait conçus contre lui.

Le jugement du tribunal de Montluçon, qui ordonna la main-levée de cette opposition, tarda peu à être prononcé. Il fut signifié aux parties intéressées, et aux officiers de l'état civil. Les époux de Vandègre se hâtèrent d'en interjeter appel. Les résultats de cette intimation ne pouvaient être douteux ; mais à tout prix il fallait gagner du temps ; tous ces obstacles apportés à la réalisation du projet d'André de Vandègre ne faisaient que rendre sa volonté plus ferme ; il s'opiniâtrait à raison des difficultés qu'il éprouvait. « *Je ne sais pas ce que veut mon père*, disait-il à sa future ; *mais ne lâchons pas, Marie, fût-ce dans 10 ans , nous nous marierons.* » Un motif de plus, motif d'honneur et de conscience qui devait puissamment agir sur l'esprit de ce jeune homme, que l'instruction a présentée comme un homme de bien, était venu se joindre à tous ceux qui déjà sùffisaient pour le déterminer à conclure le mariage qu'il avait projeté. C'était l'état de Marie Bourdu qui, depuis peu de jours , s'était aperçue que, dans quelques mois , elle serait mère.

Telle était la situation respective des époux de Vandègre et de leur fils, lorsque, le lendemain de l'appel fait par de Vandègre père, du jugement de Montluçon, André de Vandègre, dans la nuit du 29 au 30 octobre dernier , entre dix et onze heures , tomba mort frappé d'un coup de feu, dans la cour de la maison qu'il habitait avec la famille Bourdu. Antoine Bourdu, frère de Marie, venait de fermer le contrevent qui donne sur la cour , lorsqu'il entendit l'explosion d'une arme à feu suivie presque immédiatement de deux exclamations étouffées et de ces mots proférés par sa sœur : *ils l'ont tué !* Son premier mouvement fut de rouvrir le contrevent qu'il tenait encore à la main , et il aperçut un homme d'assez haute taille fuyant dans le champ qui fait suite à la cour de la maison. Malheureusement Bourdu ne prit pas le temps de l'examiner avec attention. Il se hâta de descendre et trouva André de Vandègre gisant dans la cour, où sa mère et sa sœur s'efforçaient, mais vainement, de le rappeler à la vie ; il était mort !

Dès le premier moment, l'opinion unanime de la contrée signala de Vandègre père, sans hésitation aucune, c'est à lui qu'elle demanda compte du sang de son fils tombé sous les coups d'un assassin. Plus tard on essaya de lui faire prendre le change, soit en murmurant que cette mort avait été le résultat d'un suicide, soit en jetant les soupçons sur les membres de la famille Bourdu, ou plutôt sur Antoine l'un d'eux ; mais ni l'une ni l'autre de ces suppositions n'était admissible.

Auguste Mallet de Vandègre est noble ; quoique peu riche et livré à la culture des champs, il est fier de l'ancienneté de sa race ; ses relations sont rares avec ses voisins cultivateurs comme lui, qu'il semble dédaigner. Ses enfants eux-mêmes, il les tient à distance et ne leur permet pas de s'asseoir à la même table que lui ; dans ses idées de despotisme paternel, il dit qu'il *en est le maître* ; c'est là tout ce que de Vandègre père a conservé des opinions, des habitudes et des préjugés de la caste à laquelle il appartient. Sa femme, quoiqu'elle soit née dans une condition obscure, les a complétement adoptés et les a même exagérés, à ce qu'il paraît. Ni l'un ni l'autre ne pouvaient se faire à la pensée de voir leur fils s'allier à la famille pauvre et assez obscure des Bourdu, à une femme qu'ils avaient vue, disaient-ils, dans son enfance, solliciter leur charité ; que plus tard, ils avaient vu en état de domesticité. « Tant *qu'elle por-*

terait une coiffe, disait la dame de Vandègre, le mariage ne se ferait pas ; il n'est cheval, si fougueux, ajoutait-elle, qu'on *ne puisse lui mettre une bride*. » On lui avait entendu dire qu'elle aimerait mieux voir son fils mort que de lui voir faire un semblable mariage.

Les dispositions de Vandègre père vis-à-vis de son fils n'étaient pas différentes de celles de sa femme, ou plutôt celle-ci ne faisait qu'exprimer les sentiments qu'il éprouvait lui-même ; mais, plus maître de lui, il les proclamait moins hautement. Il sentait aussi profondément qu'elle-même l'injure faite à son nom, à sa race, par le mariage de son fils. « Il était noble, disait-il, d'une famille honorable, son père était chevalier de Saint-Louis, et ce mariage le déshonorait. Il n'y consentirait jamais ; il aimerait mieux voir son fils mort que le mari d'une Bourdu. Je ne veux plus, disait-il en une autre circonstance, qu'on le nomme Vandègre : c'est un nom qu'il déshonore. Mais qu'on l'appelle Bourdu, du nom de la femme qu'il doit épouser. » Un jour, peu de temps avant la mort d'André, il invitait un témoin à faire quelques tentatives auprès de ce jeune homme, pour l'engager à renoncer à ses projets de mariage. Celui-ci y consentit et lui répondit qu'il le ramènerait chez lui. « Non pas, répliqua le père ; je ne veux pas qu'il y rentre. S'il y vient, j'ai dans mon fusil double six balles à son service. » Sur cette réponse, le témoin refusa de remplir la mission que d'abord il avait acceptée.

Quinze jours ou trois semaines avant l'événement, il

se rend chez le curé de Marcillat, et le prie d'user de
son influence pour obtenir du desservant qu'il se refuse
à publier les bans du mariage de son fils. Sur la réponse
de cet ecclésiastique, qu'il ne peut lui rendre ce service, de Vandègre père s'écrie : « *que puisqu'il est
abandonné de tout le monde et qu'il n'a pas d'autre
ressources, il tuera son fils : que sa femme et lui sont
dans un état de désespoir tel, qu'il lui tirera un coup de
fusil.* »L'accentuation de cet homme était-telle, lorsqu'il
proféra ces menaces, que l'ecclésiastique qui en fut le
confident involontaire resta convaincu que c'était un
parti pris et qu'il l'exécuterait. Vandègre père s'é-
loigna ; mais, quelques minutes après, ayant de nouveau
rencontré le curé de Marcillat dans la rue, il lui répéta
tout ce qu'il lui avait déjà dit, en ajoutant : « *qu'il
tuerait son fils, quelque événement qui dût arriver, qu'il
n'avait qu'une mort à faire, et qu'il ne la craignait
pas.* » « Je mangerai plutôt mes poings, je sacrifierai
toute ma fortune avant de consentir à ce mariage. »

Vandègre père avait des armes ; plusieurs fusils
ont été trouvés chez lui. On n'a pu s'assurer qu'ils aient
servi à la consommation du crime ; mais l'un deux s'est
trouvé chargé de telle manière (et il est convenu qu'il
l'a été par lui) que l'un des médecins qui a fait l'autopsie
du cadavre de Vandègre fils, a pensé que l'arme qui a
servi à commettre ce crime avait été chargée avec des
projectiles de la même nature et du même calibre.

A l'époque où de Vandègre père faisait au curé de

Marcillat et à quelques, autres personnes confidence de ses coupables projets, Antoine Bourdu aperçut pendant deux nuits un homme de haute taille, armé d'un fusil, rôdant autour de la maison de sa mère ; il reconnut de Vandègre père et crut devoir avertir l'autorité locale de ce fait.

D'autres faits sont encore venus après l'événement ajouter aux indices qui viennent d'être exposés. Lorsque l'autorité se transporta dans la maison Bourdu, de Vandègre père y arriva, et, s'approchant du cadavre de son fils, il souleva le linge qui couvrait sa figure, et d'une voix ferme, sans manifester la plus légère émotion, il laissa tomber ces paroles : «Ah ! malheureux, te voilà ! je te l'avais bien prédit ! si tu avais suivi mes conseils, tu ne serais pas là, mais Dieu l'a voulu ! »

Plus tard, quinze jours ou trois semaines après cet événement, de Vandègre père se présente de nouveau chez le curé de Marcillat ; il vient solliciter des prières et lui demander une messe à l'effet d'intéresser le ciel à la découverte du meurtrier de son fils. Le ministre de Dieu s'y refuse en lui disant qu'il serait bien qu'on le connût ; car c'était lui qui était son assassin. A cette accusation, de Vandègre se récrie ; le curé lui rappelle les menaces qu'il a fait entendre contre son fils, quelques jours avant la mort de ce dernier ; le père prétend ne pas les avoir proférées. Le curé persiste, et lui ayant rappelé et les paroles elles-mêmes, le père parut étonné, s'assit et changeant de ton, il dit au curé *qu'il aimait beaucoup, qu'il était un brave homme*. Il reprit la main du curé, la baisa de nouveau, et lui dit : « M. le curé, j'ai mis toute ma confiance en vous. » Ce changement de ton, de manières, de la part de Vandègre à l'égard du curé à cette accusation si directe que ce dernier laisse tomber sur celui qui l'accuse d'un atroce forfait, ne sont-ils pas une sorte d'aveu de la vérité de cette accusation ? ne sont-ils pas un appel fait à la pitié pour obtenir son silence ?

En conséquence de tous ces faits, de Vandègre père, accusé d'avoir donné volontairement la mort, avec pré-méditation et guet-à-pens, au moyen d'une arme à feu, à André Mallet de Vandègre, son fils, ou au moins com-plice, pour avoir en connaissance, aidé ou assisté l'auteur du crime, comparut devant la cour d'assises de Riom.

L'accusé est un homme d'assez haute taille : il est âgé d'environ soixante ans ; ses yeux sont petits, en-foncés et sans aucune expression. Il les promène presque machinalement sur les bancs des jurés, sur les magistrats et sur les nombreux témoins assignés tant à sa requête qu'à celle du ministère public. Il est vêtu d'une redin-gote de drap grossier.

On procède immédiatement à l'audition des témoins, dont les dépositions reproduisent les détails que nous avons donnés.

Interpellé par M. le président, de s'expliquer sur le sens de ces paroles : *Malheureux, je te l'avais bien*

prédit, que de Vandègre aurait adressées à son fils,
au moment où M. le juge de paix l'invitait à déclarer
s'il le reconnaissait, l'accusé répond : « J'avais souvent
annoncé à mon fils qu'il lui en mésarriverait, de la part
de la maison Bourdu, s'il continuait à la fréquenter ; je
savais qu'elle était très-mal famée, et je voulais dire
dans ce moment-là que mes prévisions ne s'étaient que
trop malheureusement vérifiées. »

A côté du défenseur de l'accusé, sont assis sa femme,
sa fille et deux de ses fils. Tous portent le costume vil-
lageois ; et, ni leur figure, ni leur attitude, ne présentent rien de bien distingué.

M. le procureur général, après avoir exposé les faits
avec beaucoup d'exactitude et de clarté, développe les
charges de l'accusation avec une force de logique qui
produit la plus vive impression sur l'auditoire : prévoyant
ensuite les moyens de la défense, il les discute et les
combat avec une énergique conviction.

Après les répliques du défenseur et du ministère
public, le résumé de M. le président, et deux heures
de délibération, le jury a déclaré l'accusé non coupable
sur toutes les questions.

Ce verdict et l'arrêt d'acquittement ont été prononcés
au milieu du plus profond silence ; l'accusé n'a manifesté aucune émotion.

AFFAIRE MILLION.

Enlèvement et séquestration.

COUR D'ASSISES DU RHONE (Lyon).

Le 18 décembre 1840, vers huit heures du soir, M. Vincent Million, négociant, demeurant à la Guillotière, se dirigeait vers le lieu de son domicile en suivant le quai du Rhône, et conduisant par la main le plus jeune de ses enfants, lorsque tout-à-coup plusieurs individus se précipitèrent sur lui, l'entraînèrent violemment sur le bord du fleuve, et le jetèrent, malgré sa résistance, dans un bateau amarré tout exprès pour le recevoir. Il y était à peine que le bateau s'éloigna ; mais les trépignements, le bruit de la lutte et des cris étouffés avaient frappé l'attention d'un préposé de l'octroi dans le voisinage ; celui-ci tira en l'air un coup de pistolet pour donner l'éveil sur toute la ligne. La garde accourut, et le conducteur du bateau, sommé de s'arrêter, s'écria que c'était un voleur, un brigand que l'on venait de saisir, et qu'il allait être déposé à la Guillotière. Le bateau se rapprocha rapidement de la rive gauche du Rhône. Des employés de la navigation qui le virent descendre le fleuve, furent tentés de se mettre à sa poursuite ; mais les chants retentissants des bateliers qui cherchaient à couvrir la voix du sieur Vincent Million écartèrent de leur esprit tout soupçon de fraude, et, doublement trompés par cet artifice, ils laissèrent consommer sans obstacle cet audacieux enlèvement.

Le bruit qui s'en répandit le lendemain dans tous les quartiers de Lyon y plongea les esprits dans une sorte de stupeur. On ne pouvait comprendre qu'au milieu d'une cité aussi vaste que populeuse un père de famille, un négociant estimable pût être ainsi, et par le plus hardi guet-apens, arraché à ses intérêts. Le pays tout entier s'en émut, et le zèle des magistrats se déploya avec [une active énergie. Les deux rives du Rhône furent explorées par de nombreux agents, et dès le point du jour le bateau fut découvert au port de Ternay, à quelques lieues de Lyon ; c'est là que les malfaiteurs avaient débarqué leur victime ; on en suivit les traces indiquées sur la neige jusqu'à une cabane isolée, située sur la côte escarpée au milieu des vignes de Ternay ; la porte de ce réduit était fracturée, et on y trouva les restes d'un feu qu'on y avait allumé ; mais là se bornèrent les indices, et chaque moment venait accroître l'inquiétude qu'inspirait le sort du sieur Vincent Million, lorsque sa femme reçut de lui une lettre qui, sans détruire toutes les craintes, dut cependant les adoucir. « Ne sois « pas en peine de moi, lui écrivait-il, il ne m'est rien « arrivé de fâcheux ; ne fais point de poursuites ; car si « l'on apercevait la police et les gendarmes, il pourrait « m'arriver mal. On me demande de l'argent pour avoir « ma liberté ; mais comme la somme est trop forte, je « je n'ai pas voulu y consentir.» Ainsi, c'était pour ar-

river à la spoliation qu'on avait commis un attentat à la
liberté. L'autorité publique ne l'ignorait pas ; car quelques heures après la disparition du sieur Vincent Million on savait le nom du principal coupable, et ses
trames et ses projets. Mais dès le 29 décembre, moins
de vingt-quatre heures après l'enlèvement, la clameur
publique en indiquait déjà les complices et signalait
deux individus de Ternay, absents depuis quelques
jours de leur domicile, lorsque le 20 décembre, vers
six heures du matin, le nommé François Gervais se
présenta chez le garde-champêtre de Ternay et lui déclara que le sieur Vincent Million était détenu dans son
domicile.

La gendarmerie de Givors se dirigea vers la retraite
indiquée ; les portes et les volets extérieurs étaient clos,
François Gervais se fit ouvrir, et le sieur Million, qui était
couché sur un lit, se leva tout-à-coup en tendant les
bras vers ses libérateurs. Il était alors huit heures du
matin, un des complices étant allé à Lyon porter une
seconde lettre du prisonnier qui indiquait le prix défi-
nitif de sa rançon. Elle avait été fixée à 20,000 francs ;
cette somme était prête et devait le soir même être
portée à sa destination, quand la nouvelle de la déli-
vrance du sieur Vincent Million parvint à sa famille et
y fit succéder la joie aux plus terribles angoisses.

Au commencement de 1836, Claude Poncet avait proposé au sieur Robert, entrepreneur à la Guillotière, un

association que ce dernier accepta, et dont les conditions furent fixées dans un acte du 4 janvier 1837.

Au bout de quinze mois cette association étais dissoute, et un acte notarié passé en Suisse régla entre Robert et Poncet de nouveaux rapports ; Poncet s'obligea à servir le sieur Robert moyennant des appointements fixés et quelques avantages particuliers. Le 15 septembre 1838, le sieur Robert, mécontent de la gestion de Poncet, se vit dans l'obligation de se choisir un autre préposé et de résilier le contrat. Claude Poncet l'assigna devant le Tribunal de commerce de Lyon pour faire régler ce qui lui revenait et se voir condamner à 20,000 francs de dommages-intérêts. Claude Poncet perdit son procès et dès ce moment, il voua au sieur Robert une haine implacable. A cette époque, le sieur Vincent Million faisait partie du Tribunal de commerce ; Poncet répétait sans cesse que le sieur Vincent Million avait, par son silence, provoqué contre lui un jugement inique. Claude Poncet ne sut pas se résigner à son sort. Il voulut en infliger à d'autres la responsabilité, en confondant dans une exécration commune et Robert et les sieurs Million.

Dans ce but, Claude Poncet se chercha des complices; mais ses premières démarches furent sans succès. Malheureusement il jeta les yeux sur le nommé Pierre Collet, charron à Ternay, placé sous la surveillance de la haute police, ayant déjà subi cinq ans de réclusion, et l'association de Poncet et Collet fut formée. Ils résolurent d'attirer le sieur Robert dans un lieu solitaire , et dès que leur plan fut tracé ils en hâtèrent l'exécution.; mais l'absence de Robert déjoua le complot, et un attentat contre le sieur Vincent Million fut aussitôt résolu.

Quand tout fut prêt, Poncet et Collet conçurent la crainte de n'être pas assez forts pour l'exécution, et le bras d'un nouveau complice leur parut nécessaire. Collet attira à Lyon, sous prétexte de contrebande, le nommé Jean Gervais, cousin de François, qui, bientôt initié par Poncet à tous les secrets de la criminelle entreprise, s'engagea, sur ses promesses, à le seconder. Ainsi liés et résolus, ils épièrent tous les trois ensemble chaque soir l'heure où le sieur Vincent Million retournait dans ses foyers pour se livrer aux soins et aux affections domestiques. Les détails et les circonstances qui accompagnèrent ou suivirent cette brutale agression, ajoutent encore à sa gravité : saisi, terrassé, frappé au visage, le sieur Vincent Million fut étendu dans le bateau sous le poids de ses ravisseurs , qui étouffaient sa voix et comprimaient tous ses mouvements : lorsqu'il cherchait à appeler du secours et qu'en se débattant un cri parvenait à lui échapper, Poncet disait vivement : « S'il crie, jetez-le à l'eau ! »

Lorsqu'ils furent arrivés chez François Gervais, Poncet, levant le masque, s'écria : «Je suis Poncet, tu es un brigand ; c'est toi qui m'as ruiné. Il faut que tu me donnes 50,000 francs ou tu ne sortiras pas de mes mains.» Pour vaincre sa résistance et le soustraire à tous les regards, on conduisit le sieur Vincent Million dans la cave de François Gervais ; on lui lia les mains, où l'attacha à une chaise clouée à la muraille. Lorsque, dans la cabane des vignes de Ternay, Poncet s'absenta pour s'assurer de la maison de François Gervais, c'est à la garde de Collet qu'il confia le sieur Vincent Million dont il avait lié les mains. Collet prêta ensuite son as- sistance à Poncet pour le descendre à la cave, où ils le condamnèrent à une cruelle immobilité. La première lettre du défunt fut portée à Lyon par Jean et François Gervais.

Les récits de François Gervais eurent pour résultat de précipiter la conclusion du prix de la rançon ; ce- pendant, après plusieurs heures de réflexion passées au milieu de ses complices, lorsque Collet fut parti pour la Guillotière et pendant que le sieur Million, étendu sur le lit de François Gervais, arrachait aux tourments de l'inquiétude quelques instants de sommeil, François Gervais, vaincu par la peur, s'esquiva de son domicile vers les six heures du matin, pour aller avertir le garde champêtre.

En conséquence, Claude Poncet fut accusé d'avoir ar- rêté, détenu ou séquestré le sieur Vincent Million avec menaces de mort, et Pierre Collet, Jean Gervais et Fran- çois Gervais accusés de s'être rendus complices de ce crime.

Après les formalités d'usage, M. le président procède à l'interrogatoire de Poncet.

D. Quel motif a pu vous pousser à commettre le crime qui vous est reproché ? — R. Mon procès avec Robert devant le tribunal de commerce a causé tout ce malheur. Je me suis vu dépouillé par l'influence de M. Vincent Million et de son frère, le commandant Million. J'ai essayé d'entrer en arrangement avec Robert, et ces messieurs ont empêché toute transaction.

M. le président : Donnez quelques détails sur l'enlèvement de M. Vincent Million ?

Poncet : M. Million, accompagné d'un petit jeune homme, son fils, venait devant moi ; je l'ai saisi brusquement, je l'ai pris dans mes bras, et quoique je sois tombé en descendant l'escalier qui conduit au Rhône, je ne l'ai pas lâché et l'ai porté dans mon bateau. Nous avons débarqué à Ternay ; nous avons mené M. Vincent Million, à travers vignes, dans une cabane dont je n'ai pu ouvrir la porte qu'en la forçant avec ma hache. Nous ne devions rester là que pour donner à François Gervais le temps d'éloigner sa mère. « A nous deux, que je lui ai dit ; je suis Poncet, vous êtes M. Vincent Million. C'est vous qui m'avez ruiné, et la perte de mon procès est cause que mon pauvre frère s'est pendu de chagrin, car il m'avait fait des avances que je ne pouvais plus lui rembourser. M. Million m'a offert 600 fr. « Mais, malheureux que vous êtes, lui ai-je répondu, que voulez-vous que je fasse de vos 600 fr. ? moi qui ai perdu 100,000 francs dans cette affaire. » J'ai bien parlé alors d'une cinquantaine de mille francs, et j'ai dit aussi à M. Million que lui, qui avait tant de maisons, pouvait bien m'en donner une. Ce n'a été que le lendemain qu'il consentit à donner 10,000 francs en or. François Gervais ayant peur que quelqu'un n'entrât dans son cabaret et n'y vît M. Million, nous conduisîmes ce dernier à la cave. On le fit asseoir : ses mains furent attachées l'une sur l'autre et ses bras au dossier de la chaise : puis on eut soin de lui mettre une couverture sur les jambes et une autre sur les épaules. Il est resté dans cette position environ dix-huit heures.

Après quelques autres questions, M. le président passe à l'interrogatoire des deux autres accusés : ces interrogatoires ne présentent aucun fait important à signaler. On procède à l'audition des témoins, puis M. Vincent Million est introduit; après le détail des faits déjà connus, il ajoute :

Je suis resté attaché dans la cave depuis deux heures du matin jusqu'au lendemain huit heures du soir, environ seize à dix-huit heures, ayant très-froid et demandant en vain à remonter. — Non, me dit Poncet; tant que nous ne nous serons pas arrangés, vous resterez à la cave. — Faites, leur dis-je, des propositions raisonnables, car pour 50,000 francs, je ne les donnerai pas. » C'est alors qu'il réduisit sa proposition à dix mille francs, que je consentis à donner, et que j'écrivis, toujours sous leur dictée, la seconde lettre.

« Enfin, j'ai resté là jusqu'au moment où j'ai été délivré, à huit heures et demie.

« Poncet, en montrant un trou qui était dans la cave, m'a dit que ce serait peut-être là mon tombeau. Il m'a également menacé, si je criais, de me renfermer sous un tonneau. Cette haine si violente que Poncet nourrissait contre moi ne peut être attribuée qu'à la perte de son procès, perte à laquelle j'ai été complétement étranger. »

À onze heures, messieurs les jurés se retirent dans leur salle de délibération et n'en sortent qu'à plus de minuit.

Dès qu'ils paraissent, une vive anxiété se manifeste dans l'auditoire, et c'est dans un profond silence qu'on écoute la déclaration du jury qui reconnaît Poncet coupable de séquestration illégale, sans la circonstance aggravante de menaces de mort; Collet, complice de Poncet pour l'avoir aidé dans l'exécution, et François Gervais, également complice, pour avoir prêté sa maison aux auteurs du crime.

La cour condamne, par un arrêt longuement délibéré, Poncet à vingt ans de travaux forcés, Collet à la même peine, et François Gervais à dix ans; tous trois subiront, en outre, une heure d'exposition.

Poncet entend sa condamnation sans émotion apparente; Collet parait anéanti, et François Gervais sanglotte convulsivement.

GUÉRIN DE LACOMBE.

Horrible dépravation.

COUR D'ASSISES DE MAINE-ET-LOIRE (Angers.)

C'est la troisième fois que Guérin de Lacombe comparaît devant la justice pour y rendre compte de son immoralité. En 1824, la Cour d'assises d'Indre-et-Loire l'a condamné à huit années de travaux forcés pour bigamie. Gracié en 1830, il vint se fixer à Laval. En 1833, il s'y est fait condamner en deux années d'emprisonnement, pour excitation habituelle à la débauche. A sa sortie de Fontevrault, Saumur lui avait été assigné pour résidence. Il y demeurait sur la place de l'Hôtel-de-Ville, à l'angle d'une rue dont la solitude favorisait ses coupables habitudes. Il n'est pas de termes décents pour retracer les détails des désordres honteux auxquels il ne cessa de se livrer dans cette demeure, jusqu'à l'instant de son arrestation. Ses victimes sont au nombre de sept ; elles comparaissent comme témoins : la plus âgée a quatorze ans à peine, la plus jeune n'en a que dix. Elles jettent toutes des cris quand on les fait retirer dans la chambre des témoins. Mais quand elles reviennent l'une après l'autre faire leur déposition, elles reprennent bientôt une assurance, pour ne pas dire une effronterie, au-dessus de leur âge. Une seule exceptée, toutes portent déjà sur le visage, dans leurs costumes, dans toute leur personne , le sceau de la plus hideuse dégradation : gentillesse et fraîcheur enfantines, le vice, la prostitution prématurée ont déjà tout flétri. Quelles mœurs ! **La** débauche anticipe sur l'enfance; quelles promesses pour l'avenir !

Guérin se défend en disant : « C'est vrai , j'ai vécu dans une dépravation infâme, mais je n'ai corrompu , je n'ai violenté aucune de ces petites misérables ; elles étaient déjà perdues avant de me connaître. »

M. le président, forcé de se rendre à l'affreuse évidence de cette incroyable démoralisation, ne peut s'empêcher d'adresser aux parents présents dans l'enceinte ces paroles sévères : « Eh quoi! vous laissez courir comme cela vos enfants; votre conduite est aussi infâme que celle de l'accusé. »

Comme l'a dit M. le substitut du procureur général, en commençant son réquisitoire, le ministère public aurait pu se dispenser de prendre la parole. La tâche du défenseur au contraire était délicate et pénible. Il l'a remplie avec autant de convenance que de talent. La vie souillée de Guérin de Lacombe a eu de beaux commencements ; l'habile défenseur a rappelé que son client, petit fils d'un directeur-général des monnaies de Picardie, fils d'un ancien juge de paix du 11e arrondissement de Paris, allié par sa sœur à une puissante et noble famille, a, dans sa jeunesse, honorablement servi le pays. Il a fait comme officier les campagnes d'Ulm, de Prusse, de Pologne et d'Espagne ; il s'est signalé par plusieurs actions d'éclat, et le grade de capitaine fut sa récompense, avec la croix-d'Honneur, « alors que les croix-d'Honneur ne se donnaient pas encore à pleines mains. »

Après avoir quitté le service, Guérin a longtemps occupé, au ministère de la guerre, un emploi honorable, jusqu'à ce qu'il donnât sa démission par amour de la peinture qu'il cultivait avec succès, et commençât une aventureuse carrière d'artiste. L'avocat explique les deux condamnations précédemment subies par son client, et s'efforce d'en atténuer l'effet sur l'esprit de MM. les jurés. Il discute ensuite le caractère des actes d'odieuse lubricité dont son client s'est rendu coupable.

Il y reconnaît bien le délit d'excitation habituelle à la débauche. Les faits sont de la plus révoltante immoralité, mais ils ne constituent aucun crime. Guérin n'a pas créé le libertinage, il s'est vautré dans le libertinage qui existait avant lui à Saumur. « Guérin est coupable, dit l'avocat ; mais il s'est arrêté cependant avant le dernier degré du crime ; appréciez sa culpabilité, ne vous l'exagérez pas, ne donnez pas, Messieurs, à l'indignation ce que vous ne devez qu'à l'impartialité et à la justice »

Guérin de Lacombe ajoute lui-même quelques paroles à sa défense. « Mon défenseur, dit-il, a lu au fond de mon âme ; toutes ses paroles sont celles que j'aurais voulu employer pour me défendre moi-même. Il est loin de ma pensée de vouloir faire l'apologie de ma conduite ; je reconnais l'immensité de mes torts. J'ai été profondément immoral ; mais dans mes plus

grands égarements, je n'ai jamais employé aucune violence, je le proteste, je le jure sur l'honneur, sur les
mânes de mon père, sur la damnation éternelle de mon
ame ! c'est une infamie à laquelle je ne me suis jamais
abaissé. Oh ! j'ai fait de dures réflexions! Je sens maintenant combien le frein des principes moraux est nécessaire. Mes regrets sont bien profonds, bien amers. Je
vous en supplie, Messieurs, croyez à la sincérité de
mon repentir, et daignez me traiter avec indulgence. »

Ces paroles sont dites par l'accusé avec une vive émotion. Il s'exprime facilement et en bons termes. Toute
sa physionomie est empreinte des caractères les moins
équivoques des passions fortes. La voûte du front est
élevée, bien arrondie, sillonnée de quelques rides hori-
zontales. Ses cheveux sont bruns et frisés ; le sommet de
la tête commence à se dégarnir. Il a le nez très-aquilin
et les yeux bleus. Il porte de larges favoris d'un brun
moins foncé que ses cheveux. Sa mise se compose
d'une cravate noire avec un faux-col, et d'une redin-
gote de castorine, à la propriétaire, boutonnée presque
jusqu'au nœud de la cravate. L'acte d'accusation lui
donne 49 ans. Au commencement des débats il a mis
un instant des lunettes d'écaille, mais il les a ôtées
bientôt après.

Les jurés avaient 18 questions à résoudre ; plusieurs
ont été résolues par eux négativement ; mais le plus
grand nombre l'ont été affirmativement, et sans admission de circonstances atténuantes.

M. le président prononce au milieu d'un profond
silence la condamnation à vingt années de travaux forcés, l'exposition, et la surveillance.

FIN DU TOME PREMIER.